CW01657478

Santander

Ediciones Gaesa

Esta guía ha sido elaborada por:

GUÍAS AZULES DE ESPAÑA

Texto

JESÚS GARCÍA MARÍN

Fotografía

Archivo Guías Azules de España, JGM
Sociedad Regional de Turismo de Cantabria
Turismo del Ayto. de Santander
Marián Sánchez Soberón

Cartografía

Cedida por organismos oficiales y otras instituciones. Adaptación: Fernando Gamero.

Maquetación

Fernando Gamero

© GUÍAS AZULES DE ESPAÑA S.A., 2018-19
Antonio Maura, 18. 28014 MADRID
www.guiazuldeltrotamundos.es
Correo electrónico: gaesa@guiasazules.e.telefonica.net
Reservados todos los derechos
ISBN: 978-84-17368-77-7
Depósito Legal: M-30165-2018
Fecha de edición: octubre de 2018

Queda prohibida terminantemente la reproducción total o parcial de esta obra sin previo consentimiento por escrito de la editorial.

INTRODUCCIÓN

Cantabria, *La Montaña,* tiene 5.289 km^2. Medio territorio cántabro sobrepasa los quinientos metros y más del 75% está por encima de los doscientos metros. El escenario cántabro es puro accidente, un continuo sube y baja sólo apaciguado por algunas playas amplias y marismas. Tierras éstas que salvo en la costa no son trasversales sino horizontales. De hecho, visitar la región, supone un permanente zigzagueo fluvial, de cuenca en cuenca, o de puerto en puerto o, en el caso de Liébana, de pico en pico. Las verdes praderas, altas o bajas, con sus correspondientes vacas tudancas o las pintas holandesas, son una de las postales más características de esta autonomía.

Santander, capital de la Comunidad Autónoma de Cantabria constituida, es un balcón sobre una larga bahía. Está rodeada por las colinas que dan paso al valle del Pas, por la cercana Peña Cabarga, por los montes de Trasmiera y muchas colinillas, la capital de Cantabria es, además, balcón sobre una amplísima bahía. En efecto, entre el mar y la Montaña, entre Maliaño y cabo Mayor, se extiende una urbe accidentada que a lo largo de cinco kilómetros y 34 km^2 se pega al litoral. Santander es la *ciudad elegante* principalmente por tener uno de los paseos marítimos y una de las playas urbanas más cuidadas de España.

Poco queda de la Santander histórica: tuvo murallas y playazos en el corazón, pero aquel pueblo que en XVI dibujo el Höefnagel hoy sólo se puede reconstruir mentalmente: las reformas urbanas, los incendios que sufrió en el XV y en 1941, los desastres, etcétera, han cambiado casi completamente la urbe.

La Santander romana (Portus Victoriae) se adivina bajo los cristales de la cripta de El Cristo. Hubo, pues, un asentamiento antes de que *se construyera una abadía sobre dos reliquias.* Se sospecha, por su situación frente a una amplia bahía con varias conchas o ensenadas, que la capital de Cantabria pudo ser el *Portus Victoriae Iuliobrigensium* (21 a.d.C.) citado en los textos clásicos, si bien esta *civitas* tal vez estuvo en otro lugar del litoral cántabro (por ejemplo, hipótesis al canto, los santoñeses dicen que el susodicho *portus* estuvo en su villa pejina, y que los normandos se encargaron de arrasarlo, etcétera).

La fundación mitológica de la ciudad se produjo con la llegada de los restos de San Emeterio, soldado romano, hermano de Celedonio, martirizado por sus paisanos en Calahorra (300 d.C.). Cuenta la leyenda que los huesos de ambos arribaron a Santander en una barca de piedra (qué curioso, así también arribó el cuerpo de Nuestro Señor Santiago a Galicia).

Desde el siglo XII, Santander será una urbe aforada. Poco a poco el pequeño varadero fue adquiriendo importancia (ss. XIII-XIV), crece la construcción naval, confluyendo el comercio castellano con el que llegaba del norte europeo. Un signo de tan favorable coyuntura fue el que, como otros puertos cántabros de similar relevancia, Santander enviará efectivos navales a los operativos reconquistadores de la Baja Andalucía. Se desarrolla entonces la villa (Puebla Baja y Puebla Alta) separada por un canal o arroyo o brazo de mar, que entraba por las Atarazanas hasta Becedo...

Entonces, las Cuatro Villas (San Vicente de la Barquera, Laredo, Castro Urdiales y Santander) componían la Hermandad de Castilla. Tenían intereses económicos y militares comunes. Y a lo largo la Edad Media y la Moderna fueron prósperas encrucijadas comerciales y pesqueras.

Durante la Edad Moderna, junto con Laredo, Santander es el centro con mayor empuje de Cantabria, pese a sufrir una catástrofe; o sea, la peste. Cuenta, entonces, con siete puertas, varias fuentes, *la iglesia de los cuerpos santos* y no faltaba el vino...

Hasta el siglo XVIII, Santander estaba más o menos a la altura económica de Laredo, San Vicente o Castro Urdiales, pero es a partir del setecientos, sobre todo a causa de la creación del Consulado de Mar y Tierra, y del surgir del comercio americano, cuando la actual capital cántabra comienza a contar, y a contar mucho. Desde mediados del XVIII, Santander es obispado y un año después es intitulada ciudad. La libertad de comercio con América supondrá un gran impulso para estos porteños: se construyen algunos de los caserones-almacenes del paseo Pereda, etc.

Santander, escribe José del Castillo en 1777, es un lugar con innumerables ventajas para el comercio con América. Y ello por estar en mar ancho, con buena entrada y fácil salida, limpio de escollos y bancos, libre de estrechos o gargantas, con costa sin corrientes ni cabos perjudiciales y con diversas calas o fondeaderos, etc. Por si lo anterior fuera poco Nicolás Vial, comerciante y almacenista dieciochesco, exponía otra ventaja: *el nuevo camino que le asegurará (al puerto) comunicaciones con las Castillas.* En 1782 –han pasado algunos siglos desde su amurallamiento– la ciudad se ahoga en su reducido cinturón, se empieza el derribo de las murallas que se concluirá durante el primer cuarto del XIX.

Santander tenía en 1831 unos catorce o quince mil habitantes: pescadores, fabricantes, gente dedicada al comercio marítimo. El XIX es también el siglo de la emigración (sobre todo a Cuba) y también se produce un gran desarrollo portuario. De hecho, Santander le gana definitivamente la partida a Laredo. Por otra parte, la conflictiva situación por la que pasan las últimas colonias españolas, obligará a bastantes cántabros a repatriar su dinero americano, con lo que empieza a circular por la ciudad mucho capital: nace, entonces, aquella burguesía que tanto juego daría posteriormente.

En resumidas cuentas, durante el XIX se produjo el despegue de la ciudad por dos causas: el comercio de harinas procedente de Castilla y la importancia que va adquiriendo el puerto tanto por el tráfico como se el punto al que llegan ingentes cantidades de productos coloniales. Para lo de las harinas fue muy importante el establecimiento de la vía férrea entre Alar de Rey y Santander. En cuanto al movimiento portuario entonces era muy importante: había líneas regulares a Bayona, Nantes, Londres y Liverpool y a las Antillas españolas…

En 1872 el rey Amadeo estuvo en la capital de La Montaña y sabemos que visitó la *Fábrica de Cigarros.* En 1905, se monta la Exposición de Artes e Industrias en el paseo de Pereda, como ya hemos dicho los capitales americanos *estaban frescos* y la gente, los indianos, querían lucirlos. Fue aquélla una Santander con algunos individuos bastante cultos: los escritos de Pereda y las tertulias en la Guantería de Alonso, en la calle de la Blanca; la erudición de Menéndez Pelayo (uno de los grandes sabios de todos los tiempos); la intuición estética y arqueológica de estudiosos como Sautuola, el descubridor de Altamira, etcétera.

La capital de Cantabria fue aristocrática desde que Isabel II quiso pasar el estío en estos pagos. Además, por aquí anduvo Amadeo y Alfonso XII (aquellos monarcas se lo pasaban bien y se gastaban los cuartos en un casino que antecedió al actual). Años después, Alfonso XIII (1886-1941) decidió veranear en la ciudad y hubo que buscarle acomodo e infraestructura fija, con lo que se levantó el Santander alfonsino; o sea, La Magdalena, el Hotel Real y el Casino.

A la postre, la presencia del rey y sus cortesanos significó el enriquecimiento monumental de la periferia ciudadana, más si se tiene en cuenta que cuarenta años después el centro de Santander se derrumbaría pasto de las llamas. De todas formas, no olvidemos que el real acomodo llegó precedido por el auge económico: los dineros que venían de América por la pérdida de las colonias, el floreciente comercio portuario santanderino, la creación de sociedades financieras (el Banco de Santander a mediados del XIX), etc.

A lo anterior se unía el clima, tan de la *bella época.* Entonces no estaba bien visto ni enseñar las carnes ni el bronceado tal y como hoy lo entendemos; de modo que la suavidad del clima atlántico venía de perlas y puso a Santander de moda. Además, la reina Victoria Eugenia, británica y profesional, estaba acostumbrada a los balnearios atlánticos.

De todas formas, dos catástrofes contribuyeron poderosamente a destruir parte del viejo tejido urbano santanderino, la explosión del barco Machichaco (1893) que estaba lleno de dinamita y el pavoroso incendio que sufrió la ciudad en 1941.

Precisamente a causa de las catástrofes, y conscientes los 200.000 santanderinos de los pocos monumentos que les han quedado, desde hace años se dedican a embellecer la ciudad con zonas ajardinadas, parques, amplios paseos donde no faltan las terrazas, limpias playas. Últimamente están haciendo bastantes aparcamientos subterráneos e incluso han puesto lucecitas en las aceras de algunas calles (Hernán Cortés). En 2001, principios de 2002, la ciudad estaba patas arriba: reforma de los alrededores del Mercado de la Esperanza, rehabilitación del edificio del Mercado del Este, etc. Hace no mucho cambiaron de sitio la estatua de Velarde.

"EL SARDINERO ALEGRE"

Según el manuscrito 18.225 de la Biblioteca Nacional titulado Cualidades de la concha llamada el Sardinero, en el siglo XVIII los marineros de aquel paraje vivían en unas casas sumamente estrechas, viejas, y casi arruinadas, unido a la inmundicia...

Desde luego ha cambiado mucho la vida sardinerina. Hacia 1847 llegaban los santanderino a la playa andando o en carruajes de tracción animal, posteriormente pusieron un tranvía. En definitiva, el turismo organizado, las raíces de lo que hoy vemos, habría que buscarlas en la fundación de la Sociedad El Sardinero, que reunió un capital de unos dos millones de pesetas y consiguió la concesión de la Primera Playa, de los hoteles, del viejo casino y de los baños, pues para bañarse había que seguir las ordenanzas:

NORMAS PARA PODER BAÑARSE

El traje de baño no podía estar ajustado al cuerpo (no vaya a ser que el mirón dedujera más allá de lo deseable).

Nadie podía pasar de los parajes indicados para su sexo (los mismos estaban convenientemente señalados y multa de 50 pts para el transgresor).

En la Primera Playa sólo podían bañarse quienes tuvieran caseta. Los que no, debían acudir a la Segunda Playa donde el Ayuntamiento habilitó unas casetas a utilizar por riguroso turno.

Conclusión: la primera playa era exclusiva de los pudientes, agolpándose en la segunda el resto de los mortales.

Conscientes los 200.000 mil santanderinos de los pocos monumentos que les han quedado desde que se incendió parte de la ciudad (1941), desde hace años se dedican a embellecer la ciudad con zonas ajardinadas, parques, amplios paseos donde no faltan las terrazas, limpias playas y arquitecturas como el Palacio de Festivales o el Centro Botín. Sobra decir que Santander es la capital de la Comunidad Autónoma de Cantabria constituida en 1983.

GASTRONOMÍA

La cocina cántabra se basa en los ricos y variados productos que ofrece la región, a lo que se une una cocina tradicional importante y una cocina imaginativa nada desdeñable. La buena mesa anda repartida en toda Cantabria, incluso en el pueblo más pequeño o modesto se come bien y en abundancia.

UN POCO DE HISTORIA

LA COCINA DE ALTAMIRA. Durante el Paleolítico Superior, es decir hace aproximadamente unos 38.000 años –el hombre de Morín tiene unos 30.000– más que estar al aire libre, el cántabro, como su vecino el asturiano, comenzará a vivir en cavernas donde grabará, se cree que para favorecer su suerte en la caza, modestas o grandiosas composiciones. Cantabria es riquísima en este tipo de vestigios (Altamira, Puente Viesgo, Ramales, alguno que queda por descubrir, etcétera).

Una de las teorías más conocidas de la Historia del Arte es aquella por la cual los prehistóricos pintaban en las cuevas los animales que querían cazar, o para que la providencia les permitiera cazarlos con más comodidad. Pues bien, los estudiosos han investigado los animales más frecuentes en el entorno de algunas cuevas cántabras y han llegado a la feliz conclusión de que no pintaban lo que abundaba, o lo que más comían, sino otras especies. Es decir que no hay una relación causa-efecto…

Don Marcelino de Sautuola cuando redescubrió las cuevas de Altamira, encontró cuernos, muelas, cáscaras y cenizas. Señales de que los cántabros de la Prehistoria ya le daban al *yantar recio*. En las vitrinas del casi desaparecido Museo Regional de Arqueología y Prehistoria de Cantabria (Santander) se veían muestras de la fauna cuaternaria; es decir, los comistrajos de aquellos hombres que transitaban nada menos que entre el Magdaleniense III y el Magdaleniense IV.

Además de Sautuola, otro insigne prehistoriador, Alcalde del Río, a principios del siglo XX halló en la cueva de Puente Viesgo vestigios que consideró como *restos de cocina*. En la santoñesa gruta del Perro, escribe José Luis Gutiérrez Bicarregui, aparecieron *vértebras grandes, espinas de peces, crustáceos, musgos, caracolillos.*

EDADES MEDIA Y MODERNA. Los cántabros, por lo poco que se sabe, tal vez engullían pan de harina de bellota y como *compango* unos traguitos de cerveza. Pero saltemos un poco en el tiempo que no en el espacio. Durante el medioevo (s. XIII), y a diferencia de su tardía introducción en Galicia por los arrieros maragatos –finales del XVII, siglo XVIII– pronto, y como sustituto de la manteca, comienza a utilizarse el aceite (*olio)* en Cantabria, se cree que gracias a los montañeses que partieron hacia los puertos del sur cuando la *Reconquista*. Tal vez por eso en Cantabria se fríe y se fríe muy bien.

Media docena de villas cántabras eran balleneras por lo que el cetáceo asado, probablemente, se convirtió en suculento bocado. La lengua de ballena, señala don José Luis Gutiérrez, se tenía por manjar. Ya se mandaba, durante la Edad Media, desde los puertos cántabros pescado ahumado al norte europeo, y desde el exterior arribaba la nuez, la canela o el jenjibre. Tanto el aceite como el trigo, de difícil cultivo peñas arriba, se obtenía trocándolo por queso, manteca y carne; que en esos productos estos norteños han sido y son excedentarios.

Cuando la Historia Moderna, allá por el XVII, desembarcó en Santander el otro Carlos de Inglaterra, príncipe de Gales, las autoridades, a falta de mejores cosas que hacer, agasajáronle con mil seiscientos platos, cuatrocientos con dulces y otros *de pescado y carne de mar y tierra.*

Tal vez hubo en La Montaña buenos jamones: al menos en el siglo XVIII los gastrónomos de la Ilustración echaban de menos las patas de cerdo que habían sido alabadas por los romanos y que, por lo visto, ya no se producían en Cantabria por falta de ganado porcino y de castaños. Los jamones curados en Potes de los mejores, casi como de los de Trevélez, en opinión de Galdós.

RENOVACIÓN DE LA COCINA CÁNTABRA. A principios del siglo XX, y en Santillana del Mar, el conde Güell organizaba en su torre del Merino unas *chocolatadas* que *hicieron época* entre la hidalguía...

Mas el gran innovador de la cocina montañesa fue Víctor Merino, quien añadió a las viandas tradicionales un toque creativo convertido ya en clásico. De hecho, Puente Arce, donde Merino montó un restaurante junto a un río angulero, fue la capital gastronómica de la región durante muchos años. En la actualidad el restaurante que lo sustituye, el Nuevo Molino, sigue siendo un lugar de referencia de la nueva gastronomía cántabra.

VÍCTOR MERINO: de raza le viene al galgo, sus padres llevaban el famoso Mesón del Riojano que sigue existiendo en Santander (Bodega del Riojano), allí iban mucho a charlar y comer los pintores que iban a los cursos que daba en la Universidad Menéndez Pelayo el gran historiador y crítico de arte Camón Aznar. Tales artistas comenzaron a pintar las famosas tapas de las cubas que componen el famoso museo redondo de La Bodega del Riojano, además le fueron dejando obras a Víctor con lo que comenzó lo que acabaría siendo una importante colección de arte.

Tras su andadura por El Riojano, Víctor abrió el restaurante El Molino en Puente Arce y poco después La Sardina de Plata, en El Sardinero, y Cabo Mayor en Madrid, con el tiempo también recuperó el Mesón del Riojano. Su gran aportación a la cocina cántabra, y también a la española, consistió en dentro de la sencillez y la calidad de los productos de la región buscar el refinamiento tanto con los pescados, las carnes o los guisos de cuchara o los guisos marineros. Algún crítico ha escrito que reprodujo, a la manera de la cocina vasca, la nouvelle cuisine francesa, matizándola con el producto local. Además una de sus propuestas importantes fue la de poner sobre la mesa los hoy tan conocidos menús largos y estrechos. Discípulos suyos son su hijo Antonio y su yerno Pedro Larumbe, uno de los grandes de la cocina española y Premio Nacional de Gastronomía, que comenzó su trayectoria como jefe de cocina de La Sardina de Plata. Víctor Merino, riojano, murió en 1982 tras un accidente de tráfico.

DICCIONARIO GASTRONÓMICO

La cocina cántabra tiene a veces un vocabulario propio. Pondremos sólo algunos ejemplos: el golayu (pescado que se cocina muy bien en Laredo) es escualo pequeño, cuando se refieren a la jibias se refieren mayormente a las jibias de Laredo; jibiones son los calamares cántabros; los muergos, navajas; los caracolitos de mar a veces se denominan cancaricotes; el buey de mar, losa; y los bocartes, como todos sabemos, son anchoas frescas; respigos, tallos de nabo.

CONSERVAS

Recordemos que es muy importante el sector conservero en la economía cántabra y no solo porque el ex presidente cántabro Revilla le llevara latas de conservas al rey, sino porque unas dos mil personas, casi todas mujeres, dependen laboralmente de este sector. Las conservas cántabras son un producto de una calidad indiscutible.

Viene al caso señalar que el Nobel, Camilo José Cela, fue nombrado, en Santoña, *Conservero de Honor.* En uno de los plafones de azulejos de lo que fue el bar Los Gabrieles (calle Echegaray, Madrid), se lee el siguiente anuncio: *La Balandrista. Barredo y CIA / Santoña / Conservas de Pescado / especialidad en anchoas en filetes y rolladas.*

SU HISTORIA. Hecho de relevancia alimentaria ocurriría a principios del siglo XX cuando un grupo de pescadores sicilianos quisieron aprovecharse de los bancos pesqueros que estaban a tiro del puerto santoñés, además se dieron cuenta de que las anchoas del Cantábrico eran de una calidad infinitamente superior a las suyas, ante esta evidencia se aposentaron en todo el litoral Cantábrico y crearon las primeras empresas dedicadas a la fabricación de anchoas en salazón y en aceite.

Una vez instalados comenzaron a enlatar lo pescado, primero con manteca, al final descubrieron que lo adecuado era hacerlo en aceite de oliva andaluz. Nacieron así, lo que no es poco, las primeras conservas modernas cántabras, pues antes el pescado escabechado (frito con aceite, luego adobado con vinagre y perejil), o salado con la sal proveniente de los alfolíes, también se mantenía largo tiempo.

El aceite de oliva y el atún o el bonito, o productos de este estilo a conservar, forman un estupendo maridaje porque una vez enlatados los productos del mar tienen los mismos nutrientes que cuando son capturados. Es decir, la acción cardiosaludable de los omega -3 presentes en los pescados azules se ve potenciada en aquellas que llevan aceite de oliva gracias a su contenido en ácido oleico.

PATATAS, SETAS, BORONA, RESPINGOS

Dentro del reino vegetal, Cantabria produce frutos que bien valen una comida. Las **patatas** brotan aquí desde 1779, generalizándose su plantación a lo largo del primer tercio de la pasada centuria.

Las patatas de Valderredible, por ejemplo, figuran entre las mejores de España. El sembrado del mencionado tubérculo se inició en tierras campurrianas, a modo de ensayo y cultivado en pequeña escala, a finales del siglo pasado. Durante muchos años la gente de Campoo de Yuso, cuenta Emilio Arija, se *desayunaba con patatas, soliendo añadir detrás una taza de leche.*

Además de patatas, en las tierras regadas por el Ebro nacen leguminosas y berzas en invierno, y **setas** que se preparan en incomparables revueltos. Tienen fama, igualmente, las **alubias** rojas de Guriezo, los **pimientos** y **tomates** de Isla y los limones de Novales.

El **maíz** no es gramínea nueva ni vieja, pues fue en el XVII cuando se extendió ese regalo de América. Su siembra revolucionó la agricultura norteña y posibilitó una relativa mejora del campesinado, que se libró desde entonces de alguna que otra hambruna. Precisamente uno de los productos más típicos de Cantabria es la **borona,** burona en cántabro, es un pan hecho con harina de maíz, alimento tradicional de las regiones del norte español y que se amasó mucho hasta mediados del siglo XX. Se cocina al horno envuelto de hojas de berzas o castaño y a menudo tiene en su interior embutidos. La borona se reparte gratis en la fiesta del orujo que se celebra en Potes por noviembre.

Por último, si en Galicia tienen los grelos, en Cantabria tiene los respingos que es lo mismo. En Laredo el respigo es muy apreciado. Se trata del brote del nabo en cuyo extremo aparecerán las flores. Su apariencia es la de un tallo más o menos grueso. El respigo es comestible mientras está tierno. El día de la Inmaculada en Laredo se ofrecen respingos a troche y moche, ese día tienen su exaltación gastronómica.

PESCADOS DE MAR Y RÍO

En Cantabria son excelentes tanto los **salmonetes** como los **chicharros**. Una caso muy especial es el **verdel,** uno de los 48 tipos de caballa que existen, es también muy utilizado en la cocina cántabra, especialmente en la pejina, al ser un pescado azul y graso resulta de lo más aprcpiado para hornear o para tomarlo a la parrilla.

Entre las viandas marineras citaremos, igualmente, el **bacalao** con patatas o el potaje de garbanzos con bacalao... los **bonitos** (a la parrilla o en rollos), **congrios**, **besugos** de Laredo (que no se comeréis por San Blas).

Pero el corolario de pescados y mariscos sería interminable: dorada, rodaballo, cabracho, mero, cogote de merluza, angulas de la ría de Rabia, **bígaros**, las ostras de San Vicente de la Barquera, etc.

Como han escrito Zacarías Puente e Inés Villanueva sobre el mar de Cantabria: "Un mar sincero y orgulloso, bravío, pero altamente generoso que revienta de bonitos, merluzas, cabrachos, lubinas, rodaballos, bocartes, rayas, golayos, chicharros y tantas especies más que sus exquisitos sabores me vienen a la boca... jibiones, besugos y congrios, que cantara el Arcipreste...,¿y marisco?".

ANCHOAS-BOCARTES. El bocarte, también conocidos como boquerón o anchoa, científicamente denominados *Engraulis encrasicholus,* es un pescado azul especialmente popular en Cantabria.

En la cocina, es un ingrediente importante para elaborar pinchos y entrantes. Las anchoas en San Vicente, por ejemplo, se preparan *a la barquereña,* pero se pueden tomar en rica salsa amarilla y de una docena de maneras.

En primavera, los bocartes dejan los fondos marinos y se encaminan a la costa para desovar, es entones cuando se capturan en el caso de Cantabria en grandes cantidades. La forma de hacerlo es por la noche y utilizando grandes focos que atraen a las anchoas.

Primavera y verano es la época de pesca del bocarte dado que en otoño vuelven al mar abierto. Los bocartes son un ingrediente fundamental de la cocina marinera cántabra, se preparan de muchas formas.

Fama nacional, internacional, han alcanzado las anchoas de Santoña; los bocartes fritos, rebozados o emparedados, en vinagre o al estilo marinero. Un día de 1959 se descargaron en el puerto santoñés 1.250.000 kg de tales pescadillos, y un año después el nuevo récord del mundo de una especie pescada se estableció en 1.541.664 kg de bocartes.

SARDINAS. La temporada de las sardinas es sobre todo el verano, sobre todo si se hacen a la parrilla porque precisamente en verano las sardinas tienen un mayor índice de grasa que acentúa su sabor y el aroma de su carne. Del Cantábrico proceden las inmejorables sardinas de Laredo o las que se presentan en sardinadas en Suances o en Castro Urdiales, villa esta última visitada por Jovellanos en 1791, quien dedicó unas cumplidas palabras a las sardinas: *(Castro) puerto de pesca, de quinientos vecinos, con treinta y cuatro lanchas grandes para atún y besugo, y veintinueve para sardina.* Por último, añadir que es un alimento antioxidante. En el caso de Cantabria tienen fama las sardinas de Santoña y las que se cocinan “a la santanderina”.

MARISCOS. Son famosas las **cigalas** de la capital de Cantabria, **langostas** de Noja o las históricas santanderinas ya citadas por el Arcipreste: De Sant Ander venieron las bermejas langostas: / trayen muchas saetas en sus aljabas postas; / fazién a don Carnal pagar todas las costas...

Recordemos que en toda la Castilla medieval y moderna eran muy solicitados y apreciados los mariscos y pescados cántabros. **Quisquillas** y **cigalas** en Santander; **percebes** en la capital y también en Langre, **nécoras** de Noja, **almejas** (y pescados de bajura) de Pedreña. Los comillanos rellenan la merluza de marisco, llaman **cachapo** a tan sabrosa heterodoxia. Isla es pueblo de viveros, marisquero por lo menos desde 1910...

CEFALÓPODOS. Entre los pescados muelles en Cantabria deberéis cataréis los **jibiones** (sepia, choco, cachón), que se suelen rellenar o encebollar. Muy típicas de Santander son las famosas **rabas** (calamares fritos) y los **maganos** encebollados (calamares pequeños) que son ración habitual a la hora del tapeo o de la comida en Santander. Conviene recordar que estos calamares son pescados artesanalmente.

GUISOS MARINEROS. Entre los guisos marineros el **sorropotún**, herencia de lo que eran capaces de cocinar los pescadores barquereños con el pescado sobrante y plato hermano del marmitaco, es tal vez una de las aportaciones más genuinas, a la vez que tradicionales, de la cocina marinera cántabra. En San Vicente de la Barquera se celebra, durante las fiestas (7.8 y 9 de septiembre) se ofrece a la concurrencia sorropotún gratis.

La **marmita** o *marmite* es, igualmente, guiso marinero y otra variante en la que el pimentón, los pimientos rojos de conserva, ajo, cebollas, patatas y especialmente el bonito son los protagonistas.

Se dice de ésta vianda que es plato de tradición santoñesa y pejina. La marmita puede ser, también, de langosta (disfrutaréis de ella en Castro Urdiales)... o de marisco en general, tal como la guisan en los figones de San Vicente de la Barquera, de Suances o en la misma Santoña, donde, por cierto, durante las fiestas de la Virgen del Puerto se prepara una gigantesca marmita.

PESCADOS DE AGUA DULCE. Los muchos cursos fluviales que surcan y abren los valles de la Montaña son las moradas de **salmones** y **truchas**.

Son apreciados los salmones que coletean en el Pas o en el Asón que es el río salmonero por excelencia de Cantabria y del que suelen salir los "campanus", es decir el primer salmón de cada temporada.

De querer comerlos adecuadamente, como las **angulas**, hacedlo en Ampuero. El Árcipreste de Hita debió catar alguna pieza capturada cerca de Castro Urdiales pues escribió aquello: *De e tendió su pendón / ardido e denodado fuese contra el salmón; / de Castro Urdiales llegaba esa sazón; / atendiólo el fidalgo, non le dijo de non.* Las angulas son un pez migrador anádromo: nace y pasa la primera fase de su vida en los ríos, para realizar después una primera migración al mar, donde vivirá un periodo de crecimiento. Una segunda migración le llevará de retorno al río, generalmente al que le vio nacer y allí cerrará el ciclo.

Entre las **truchas**, las del Ebro se suelen servir con torreznos de tocino, aconsejamos las del Pas o las *sonrosadas* del Saja, o las que surcan el truchero Deva. Por último, no olvidemos los gustosos **cangrejos** de pantano, es decir aquellos que se recogen en julio en el estancado Ebro.

CARNES

Del mejor amigo del hombre, el cerdo, *el gorrín* campurriano desangrado y chamuscado, salen las *jijas* (rica carne adobada). Mas no sólo el porcino o las insustituibles *carnes magras* ilustran la mesa montañesa, la carne o chuletones de **tudanca** son cada día más apreciados y forman parte de la carta de los mejores restaurantes cántabros. En una bodega que estuvo en la calle Rubio de Santander se leía lo siguiente en la pared: *La vaca de Tudanca / el cerdo de matanza / el pescado de aquí al lado.*

Suculentas filetes de vacuno los degustaréis en Oruña, Solares, Santillana y especialmente en Reinosa, donde no debe despreciarse las ancas de rana, ni el pollo campurriano con cebolla y salsa ni, por supuesto, las chuletas de los rebaños de **corderos** cercanos, o los jugosos lechazos *de la tierra* que se sirven en los mesones lebaniegos o aquellos otros *criados* en los pastos de Barcenaciones.

Conviene, además, dejar constancia de la influencia de la cocina segoviana en el preparado de corderos y cochinillos, mientras algunos platos de pescado se acercan a los principios de la gastronomía vasca. Siguiendo con las carnes, los pollos caseros o tomateros son bastante apreciados, y lo mismo se puede decir de las perdices, venados, corzos y jabalíes. Por cierto, en Reinosa preparan unas ricas *ancas de rana.*

CABRITO: es una carne de lo más valorada en Cantabria tanto en la zona del Pasa, como en el Saja-Nansa y especialmente en la zona de Arredondo, donde uno de los platos típicos es el cabrito asado.

CARNE DE CANTABRIA (ternera, añojo, novilla y buey): tal apelativo incluye una Indicación Geográfica Protegida referente a las razas que forman parte del denominado tronco cantábrico que son la tudanca, monchina y asturiana más la raza pardo-alpina. Estas vacas se alimentan con pastos naturales o forrajes y a la manera tradicional.

CAZA. Buena carne de caza sale de la cuenca del Saja y de la Reserva del mismo nombre: venados, jabalíes, perdices. Los embutidos a base de caza también son muy típicos del Saja-Nansa. En la comarca de Campoo los platos a base de corzo, jabalí, venado están a la orden del día. Igualmente, la carne de jabalí y corzo (además de los lechazos, arroz con leche, frisuelos...) os resultará habitual en las tabernas de las aldeas lebaniegas.

OTROS PLATOS TÍPICOS

Cantabria tiene numerosos platos típicos: por ejemplo, la *sopa* o las *habas a la montañesa*... la tortilla, si es *a la montañesa*, se condensará con judías verdes; *caracoles a la santoñesa* (se crían en Cantabria magníficos y sápidos ejemplares)... los caracoles, igualmente, de tomarlos en Santander dejan un grato regustillo picante. De entre todos los platos de caracoles destacan los que se toman en Laredo por San Andrés, pero si hay un plato cántabro rotundo y sustancioso ese es el cocido que tiene aquí tres variantes. Veamos.

"EL PAÍS DE LOS TRES COCIDOS". Es obligado comenzar por el recio **cocido montañés**: durante tiempo plato básico en las casas montanas. Guiso con arraigo en el que se amalgaman berzas, el chorizo con el tocino, la morcilla de arroz, el brazuelo y las alubias. Los tomaréis muy completos en Cabezón de la Sal, en Ucieda o Ruente, parajes que son el corazón de Cantabria, debe servirse, para retener el calor, en un recipiente de barro.

A diferencia del montañés, el **cocido lebaniego** se hará con cecina, tal vez repollo, chorizo, patatas, cebolla y garbanzos de la Liébana, *menudos como perdigones al decir de Galdós.* Pueden solicitarlo, pongamos por caso, en Potes o Lebeña.

El tercer cocido cántabro es el llamado **campurriano**, variante ésta menos conocida, aunque igualmente sabrosa, suma como ingredientes alubias blancas, berzas, chorizo, morcilla y tocino y demás restos procedentes de la matanza llevada a cabo en las tierras de Campoo.

OLLA FERROVIARIA. Si se vais por las tierras de Mataporquera aprovechad para probar la *olla ferroviaria* que en esa zona lleva garbanzos. **Olla ferroviaria** se denomina también en Campoo a un guiso de patatas y carne, tan sustancioso plato se exalta en dos fiestas, una en Reinosa el 20 de enero y otra en Mataporquera, el domingo más próximo al 16 de julio.

El origen de este plato hay que buscarlo en La Robla y en torno a la línea ferroviaria de la Robla, que unía León con Bilbao, a finales del siglo XIX, cuando los trabajadores del tren idearon estas ollas para cocinar en el propio ferrocarril aprovechando el carbón que se utilizaba en las máquinas. Estas ollas también las hacían los mineros. La olla era un artilugio que se podía conectar con el vapor del tren y permitía cocinar. Las **ollas Ferroviarias** o pucheras iban al ritmo del sinuoso trazado, cocinando lo que hubiese por las comarcas que atravesaba, ya fuesen legumbres, hortalizas y con suerte algo de carne. Maquinistas, fogoneros, guardafrenos, habitantes todos del camino de hierro popularizaron, por necesidad, estas cocinas de campaña, que fueron perfeccionando.

ARROCES. Tienen cierta implantación sobre todo en Laredo, donde el *arroz a la pejina* (Laredo) es especialidad que entra sola. La paella montañesa, cuya principal características es la abundancia de cigalas y almejas, bien merece el apelativo de manjar. En Ajo preparan las populares paellas del Cantábrico. Y qué decir del arroz con leche, postre casero y norteño de primera fila.

QUESOS Y LÁCTEOS

LECHE DE CANTABRIA. Si un líquido alcanza en Cantabria cotas de gran calidad, ése es la leche: leche frita, arroz con leche... y leche en vasos fondones, cremosa, recién ordeñada, servida bajo la frescura de la casa Queveda de Santillana o en cualquier aldea cántabra. La leche, también la mantequilla si es casera, os sabrá a gloria, probadla en Vega del Pas, Lanchares o Toranzo.

No es asunto viejo el monocultivo de la leche, más bien reciente. Ante las hambrunas y la falta de perspectivas económicas fue a principios de siglo XX cuando Cantabria comenzó a convertirse en región láctea. Las viejas vacas pasiegas y tudancas se trocaron, desde 1878, por las pintas holandesas, de mejores y más productivas ubres. Para que tengáis una idea de la importancia del sector baste decir que el Mercado de Ganados de Torrelavega cuenta con ordeño simultáneo para 650 vacas.

QUESOS REGIONALES. Precisamente por su importante producción lechera, Cantabria cuenta con unos excelentes quesos artesanos que ya aparecen documentados en el 962 en el Cartulario de Santo Toribio de Liébana. En La Edad Media, y más tarde, muchas veces se utilizaban como moneda, se cambiaban por otros productos, es el denominado trueque. Los quesos (desde el requesón hasta las famosas quesadas del Pas) aparecen también en las composiciones de Rodrigo de Reinosa, bardo que vivió a finales del siglo XV y que era muy aficionado a folgar, especialmente con las rameras hispalenses. Los poemas de Rodrigo fueron muy populares y de él nos han llegado algunas composiciones en forma de pliegos de cordel.

TIPOS DE QUESOS. Los quesos semi-industriales están hoy englobados bajo la denominación de origen de *quesos de Cantabria*. Se trata, en general, de productos con sabor suave, extragraso, de textura mantecosa que no tiene ojos o muy pocos. La materia prima de los mismos es la leche entera de vaca pasteurizada y coagulada en cuajo animal. En este tipo de quesos las localidades más "queseras", con marcas ya clásicas, son: Oruña de Pielagos, Liérganes, La Cavada, Revilla de Camargo, Liencres, Igollo de Camargo, Ramales de Victoria, Julio Cortázar, etc.

El queso de **Cóbreces**, conocido desde 1915, lo preparan los monjes de la abadía cisterciense de Via Coeli o *Viacoeli* (cerca de Comillas). Es queso semicurado y de forma cilíndrica, color gris, con agujeros, de sabor ligeramente salado. En **Ampuero** es típico el llamado de Las Garmillas. Los quesos pasiegos se caracterizan por la gran calidad de la leche.

Las innumerables aldeas que bordean los **Picos de Europa** son queseras. En Potes, pongamos por caso, se montan puestos con quesos para el turismo. Queso del que dijo Pérez Galdós: "se vende en los mercados de los lunes, es semejante en picor y horrible fragancia al más celebrado Rochefort".

Se asemeja, el queso **Picón**, al que se hace en toda el área de Cabrales (Asturias) y sólo los entendidos saben diferenciar lo cuajado en el país astur de lo que se hace unos kilómetros más abajo, en los pueblos cántabros de los Picos de Europa. En **Bejes** y **Tresviso**, por ejemplo, se elabora uno de los quesos más apreciados de la región: la leche de oveja, cabra y vaca se condensa tras vertirla en el cuajo de un corcero que no haya sobrepasado los quince días de vida, posteriormente reposa en una cueva sobre tablas de madera durante tres o cuatro meses y a una temperatura de 8 a 11°. Por fin, es despojado de los mohos exteriores, extendiéndose el penicillium... terminado el queso, se limpia y se envuelve en Acer Pseudoplatanus (hojas).

El de **Cotillos** es queso elaborado a 1.200 m, en el pueblo más alto de Cantabria. Se envuelve en hojas de berza y adquiere *solera* en la bodega. Semiduro y con un característico olor penetrante.

Es típico, igualmente, el queso **ahumado** de los Picos de Europa, especialmente si es **Brez-Camaleño**: semiduro y extragraso; combina la leche de vacuno con la de oveja y cabra o se hace de leche de vaca sola. Se coagula a 30°C con cuajo animal, madura durante unos dos meses. Para el ahumado la materia prima es la madera de haya o, mejor aún, la de enebro. Variante del anterior es el queso curado, también ahumado, elaborado en **Áliva**, contiene leche ovina y caprina.

En el área de **Pido** (ayuntamiento de Camaleño) encontraréis quesos de ácido sabor compuesto con leche de vaca, oveja y cabra. La mezcla no se prensa y sí se amasa: muy apropiada para untar en el pan. Mantecoso y suave es el queso de **nata**, lo podréis comer en prácticamente toda la región. El queso **fresco** está a la orden del día. Prueben el de **talegu** si merodean por territorio campurriano o lebaniego.

Por último, los **quesucos**, por lo sencillo de su elaboración, se hacen en casi todos los pueblos de la Montaña. Son quesos salazonados con infinitas variedades, cátenlo, por poner un ejemplo, en Lebeña.

Recordar también que en América hay empresas queseras que hacen parecidos quesos a los cántabros porque fueron fundadas por gente de La Montaña.

DENOMINACIÓN DE ORIGEN. Los quesos de Cantabria con denominación de origen son los siguientes:

Queso de nata de Cantabria: con esta denominación de origen, de la que ya os hemos hablado y que se puso en vigor en 1985, se certifican los quesos de leche de vaca frisona muy seleccionada, es un queso suave y ligeramente salado. En realidad se trata de queso de nata de Cantabria, de pasta prensada. Es graso, se suele coagular con cuajo de terneros lechales y debe madurar durante siete días. Su corteza es blanda y se presenta en unidades pequeñas de 400 g o más grandes, en torno a los 2.800 g.

Queso Picón de Bejes-Tresviso: ya os hemos hablado de esta d.o. Se trata de un queso untuoso de olor intenso. Se hace con leche de las vacas tudancas, pardo-alpinas y frisonas, también de oveja de raza lacha y de leche de cabras de los Picos de Europa.

Quesucos de Liébana: son quesos firmes y aromáticos. Se elaboran con leche de vaca, oveja, cabra o de las tres amalgamadas. Si son frescos no tienen corteza salvo que maduren un poco. Son quesos pequeños y a veces se ahúman.

Quesucos de Liébana (D.O.P).
Queso Nata de Cantabria (D.O.P.).
Queso Picon (D.O. Picón-Bejes-Tresviso).
Queso de Áliva, ahumado de vaca.
Queso de Brez.
Queso Torta de Potes.
Quesos del Pido.
Queso de las Garmillas.
Queso Valluco.
Queso Dirivin.

Por último, añadir hay una organización en la región dedicada al queso, nada menos que la Cofradía del Queso de Cantabria que preside el restaurador, escritor y trovador **Zacarías Puente Herboso**, una persona muy querida en su tierra y autor, con Inés Villanueva, de uno de los libros emblemáticos del arte coquinario cántabro: "La cocina de Cantabria en sus raíces pejinas". Otro jugoso libro de Zacarías se titula "La cocina de Cantabria: de la mar a peña arriba" (1994). Por su parte Inés Villanueva ha escrito otro texto importante: "Los quesos de Cantabria en la cocina" (1991) y Zacarías escribió "La rueda de los quesos de Cantabria".

POSTRES Y DULCES. Comencemos por la **borona**, pan amasado con harina de maíz y puesto luego a la chapa. En Reinosa nacieron las típicas **pantortillas** (hojaldre), las roscas y las galletas tostadas. El hojaldre, pero manipulado en la otra punta de la región, se convierte en **corbatas**, *pasteles* inventados en 1951 por un imaginativo pastelero de Unquera que se aburría.

En efecto, las corbatas fueron un azaroso amasijo hecho por Manuel Canal. Por lo visto este repostero se entretenía, cuando no apremiaba el trabajo, en dar las más diversas formas al hojaldre: "parece una corbata", comentó el padre de Canal cuando vio una de las formas. Y con tal nombre empezó a comercializarse.... El producto adquirió fortuna, convirtiéndose en souvenir, gracias a los muchos excursionistas que por Unquera pasaban camino de los valles lebaniegos o de Covadonga. Sin embargo, y paradoja de la vida, el creador de las corbatas hoy no se dedica a la repostería sino a otros menesteres. Hojaldres son también los **sacristanes** que se compran en las pastelerías de Liérganes. En La Cavada probaréis los **corazones**.

Los **sobaos** son originales de la láctea Vega del Pas y los primeros se hicieron hace unos cien años. No eran como los actuales, se elaboraban con masa de pan, azúcar y mantequilla. Hoy dicha *masa* se prepara con huevos, mantequilla, harina, un poco de sal, limón rallado, cucharadita de anís o ron y levadura en polvo.

Bizcochos y **tabletas, quesadas, corbatas, sobaos pasiegos** se juntan a modo de *souvenir* en el turístico ambiente que permanentemente envuelve a Santillana del Mar. Cuenta, por cierto, María del Carmen González, en su excelente estudio *Santillana a través de la heráldica*, que al morir don Francisco de Borja Barreda sus herederos alquilaron la torre del mismo nombre y el gran archivo que contenía; pues bien, resulta que la última inquilina era muy aficionada a hacer bizcochos y los viejos papeles le venían de maravilla a modo de molde para envolver la masa *bizcochil* y meterla en el horno. De esa triste manera la buena señora, que hizo muchos bizcochos, coció buena parte del valioso fondo documental que atesoró durante centurias la *torruca de los Borja*.

En Santillana amasan pasteles y bizcochos caseros las hermanas del convento de San Ildefonso o de las Dominicas. Otras pastas son las roscas y rosquillas, las **polkas** que se exhiben en las pastelerías de Torrelavega, etc. **Los frisuelos** son un postre localizado en las zonas de Cabuérniga, Polaciones y Liébana.

AGUAS, VINOS Y ORUJOS

Benditu sea Noé que descubrió el vino. Otro dicho montañés: *Por San Martín prueba el vino / y deja el agua pal molinu.* Leemos en la santanderina Bodega Cigaleña: (1) Come buena carne y bebe vino añejo / y te relucirá el pellejo, (2) Las mejores inyecciones / son chorizos y jamones, (3) Si el vino perjudica tus negocios / deja tus negocios, (4) Vino y jamones por dentro / curan los males al momento, (5) Con vino viejo y jamón / no se padece del corazón.

Desde luego, en Cantabria no hay muchas bodegas, si bien haylas como veremos luego, pero a la región llegan los mejores vinos españoles porque en Cantabria hay afición y veneración por el "morapio".

Es cierto que las vides poblaron en otro tiempo parcelas de la Montaña, actualmente se ven algunas bajo el microclima lebaniego y en la zona de Asón o en Villaverde de Trucios, pero es a principios del siglo XX cuando prácticamente desaparecen del paisaje. Lógico, pues, que no haya vinos montañeses comparables a las grandes denominaciones de origen (léase Rioja o Ribera del Duero), aunque, repetimos, hay un par de bodegas

y es casi una costumbre beber el vino blanco de la Nava. Por ejemplo, el *chacolí* (vino de la tierra) ya sale en los papeles de la Santillana del siglo XVI y se fomentó en toda la región durante el siglo XVIII. El tostadillo es un vino dulce típico de los valles lebaniegos (lo podéis probar, por ejemplo, en *Casa Cayo,* Potes). *Potes se lleva la palma del vino y del aguardiente de las mujeres garridas y de los hombres valientes.*

Por su microclima en Liébana se produce uno de los **mejores orujos** de España. Para quien no lo sepa, el orujo es un aguardiente de reconfortante graduación que se saca de las pepitas y de los hollejos de la uva sobrante. Hace años lo destilaba el campesino o el ganadero en alquitaras domésticas (o *alquitaras lebaniegas*). Hoy el orujo se elabora en pequeñas plantas industriales. Si caen por la Liébana combínenlo con el *té de los puertos.* En territorio campurriano, los días de matanza, es costumbre tomarse una parva de orujo. Últimamente se ha puesto de moda la denominada *crema de orujo,* una de las marcas más conocidas se llama *Sierra del Oso.*

En Santander se encuentran la *Asociación de Sommeliers de Cantabria* (tiene su sede en el restaurante La Casona)... y también la *Hermandad de los Caballeros del Puro y el Vino.* Por último, el agua de *Solares* es sumamente conocida: líquido mineromedicinal que va camino del Miera y que, lógicamente, ya probaron los romanos...

Por último indicar que en Torrelavega se hace una ginebra artesanal que lleva la marca “Siderit”. Ginebra hecha a mano y del estilo London Gin.

INFORMACIÓN PRÁCTICA

OFICINA MUNICIPAL DE TURISMO: Jardines de Pereda; ☎ 942 20 30 00. Horario: de 9:00 a 14:00 h y de 16:00 a 21:00 h. www.ayto-santander.es turismo@ayto-santander.es congresos@ayto-santander.es

OFICINA DE EL SARDINERO: ☎ 942 74 04 14. Durante los meses estivales abren una oficina una caseta en El Sardinero.

OFICINA REGIONAL DE INFORMACIÓN TURÍSTICA: Hernán Cortés, 4; Mercado del Este; ☎ 942 31 07 08. ofitur@cantabria.org Ofrecen cuanta información se precise sobre la región. www.turismo.cantabria.org

SANTANDER IMPRESCINDIBLE

1. CATEDRAL. De lo poco que se salvó de la quema. Tiene un magnífico claustro y en el subsuelo la impresionante iglesia-cripta del Santo Cristo en la que se explica visualmente la fundación de la ciudad.

2. BIBLIOTECA MENÉNDEZ PELAYO. Donde se guardan los libros del más políglota de nuestros sabios humanistas. Al lado, el también magnífico edificio del Museo de Bellas Artes.

3. PASEO DE PEREDA. Para andar junto al mar urbano, sentarse en una de las terraza o pasear por los jardines también dedicados al escritor Pereda. Merodean tan engalanada vía el Embarcadero, el edificio del Banco de Santander, las barcas y yates de Puertochico y el Teatro de Festivales. Declarado conjunto histórico en 1985.

4. PASEO REINA VICTORIA. Una maravilla por su espectacular panorámica: la bahía, las playas, el horizonte marino.

5. HOTEL REAL. Atalaya y primoroso legado del Santander alfonsino. Al lado, la casa de los Pardo hoy de los Botín.

6. PALACIO DE LA MAGDALENA. Majestuosa obra lógicamente para real agrado. Su construcción se inició en 1909 y está rodeada de una península preciosa, ajardinada y con playa adjunta.

7. EL SARDINERO. Alargada e impresionante playa, bordeada por el Gran Casino: es una de las mejores playas urbanas de nuestro país.

8. BARRIO PESQUERO. Contrapunto valiente de El Sardinero y de la Santander alfonsina. Zona con innegable pintoresquismo moderno. Hay que ir a tomarse unas tapas, a comer en sus casas de comidas y a ver cómo se reparan barcos menores. El meollo del Barrio Pesquero está lleno de tabernas típicas de los años 50, como Casa José o La Gaviota, ambos tienen bares con soleras.

9. CENTRO DE ARTE BOTÍN. Al lado de los Jardines de Pereda. El edificio es del gran arquitecto Renzo Piano que construyó el famoso Centro Pompidou de París. Se trata de un edificio espectacular, una parte del mismo, en voladizo, cuelga del muella y de la bahía. En 2018 se inauguró una exposición con esculturas de Miró.

LA VISITA

CONSERVATORIO DE MÚSICA: paseo General Dávila. Con forma de arpa gracias a su curvatura. Es un edifico de arquitectura muy moderna, proyectado por Joaquín Mantilla.

PLAZA DE TOROS: calle Sainz de la Maza. Blanca y situada en uno de los extremos de la ciudad, alberga el *Museo Taurino.* En la Santander de 1911, por ejemplo, se discutía apasionadamente si los toros de Miura eran o no lidiables. Por entonces tras el espectáculo taurino algunos iban a las tertulias del café *Le Russie*, etcétera. Históricamente, la corrida más famosa celebrada en la capital de Cantabria fue la llamada *corrida monstruo de 1913* (lidiaron dieciocho toros Gallo, Gallito, Cocherito, Torquito, etcétera).

PLAZA DE MÉJICO: junto al mercado alto. Presidida por el monumento a Juárez (1985), aquel indio soñador que encabezó la reforma liberal y llegó a presidente de México...

CALLE VARGAS-SAN FERNANDO-ALAMEDA: conjunto de vías muy transitadas. Con cientos de comercios.

IGLESIA DE LA CONSOLACIÓN: calle Alta, 19. Barroca y del XVIII (terminada en 1773), destaca sobre todo su portada principal. No muy lejos de la plaza de las Estaciones, donde llegan los trenes

de la Renfe, de la Feve y los autocares procedentes de otras comunidades españolas.

ASAMBLEA REGIONAL: Calle Alta, 31-33. Para visitarla, hay que concertar cita previa, ☎ 942 24 10 60. Ocupa desde 1987 las dependencias del hospital de San Rafael, neoclásico, de planta rectangular, construido en 1791 por iniciativa del arzobispo Menéndez Luarca con piedra procedente de Escobedo. Claustro cubierto (colección de modernas esculturas); y en la entrada nueve macizas arcadas, sobrias y con influencia herreriana. Al lado de la institución, **Santa Cruz:** convento seiscentista fundado por doña María de Oquendo, esposa de Fernando Riva-Herrera. Destaca por su sobriedad. Tras la desamortización (1837) se convirtió en fábrica de tabaco. Veréis la iglesia, el claustro, el refectorio, claustro, dormitorios, etc.

BIBLIOTECA MENÉNDEZ PELAYO: Rubio, 4; ☎ 942 23 45 34. Lunes a viernes de 10.15 a 13.00 y de 17.30 a 20.00 h. Inicialmente se pensó en levantar a don Marcelino, como a Pereda, un monumento, pero luego los prosélitos concluyeron que el mejor homenaje que se le podía hacer era el de levantar un edificio donde guardar su biblioteca y memoria...

SANTANDER
Aviche
Repuente
Repuente
Matilde de la Torre
Avda. de la Constitución
Bajada del Caleruco
Bajada de Juan Blanco
Bajada de la Calzada
Avda. de los Castros
Avda. de los Castros
La Albericia
La Molina
Miguel de Unamuno
PARQUE DE MENDICOUAGUE
Avda. General Dávila
Avda. General Dávila
CIUDAD JARDÍN
Alhelí
Clavel
Jazmín
Pensamiento
Violeta
Girasol
Lirio
Avda. Pedro San Martín
Simancas
Almir. Cervera
Roldán Losada
Vázquez de Mella
F. Segura
San Andrés
Avda. Camilo Alonso Vega
Antonio Mendoza
Juan José
Jiménez Díaz
Cisneros
Cisneros
Alonso
Perines
Narciso Cuevas
Floranes
Peñas Redondas
Isabel la Católica
Magallanes
Avda. de Valencilla
San Fernando
ALAMEDA DE OVIEDO
San Fernando
Plaza Numancia
Burgos
San Luis
Plaza México
Tres de Noviembre
Alcázar de Toledo
Fernández de Isla
Isaac Peral
Calle Alta
Isaac Peral
Calle Alta
Argentina
Jerónimo Sainz de la Maza
Menéndez Luarca
Colombia
Fernando VI
Santa María
Brunete
La Habana
Ebro
Justicia
Calzadas Altas
J. de Plasca
F. Española
Arco Iris
Viveros
Concepción Arenal
Gregorio Cuesta
PARQUE DEL AGUA
Castilla
Castilla
Marqués de la Hermida
Marqués de la Hermida
Héroes de la Armada
Carlos Haya
García Morato
Ruiz de Alda
Ruiz Zorrilla
Federico Vial
Nicolás Salmerón
Carlos III
Madrid
Aníbal G. Riancho
Varadero
Ruiz de Alda
Ruiz Zorrilla
Leopoldo Pardo
Antonio López
Las Quebrantas
Las Quebrantas
Marqués de la Ensenada
F. Montalvo
Avda. de Sotileza
BARRIO PESQUERO
BAHÍA DE SA

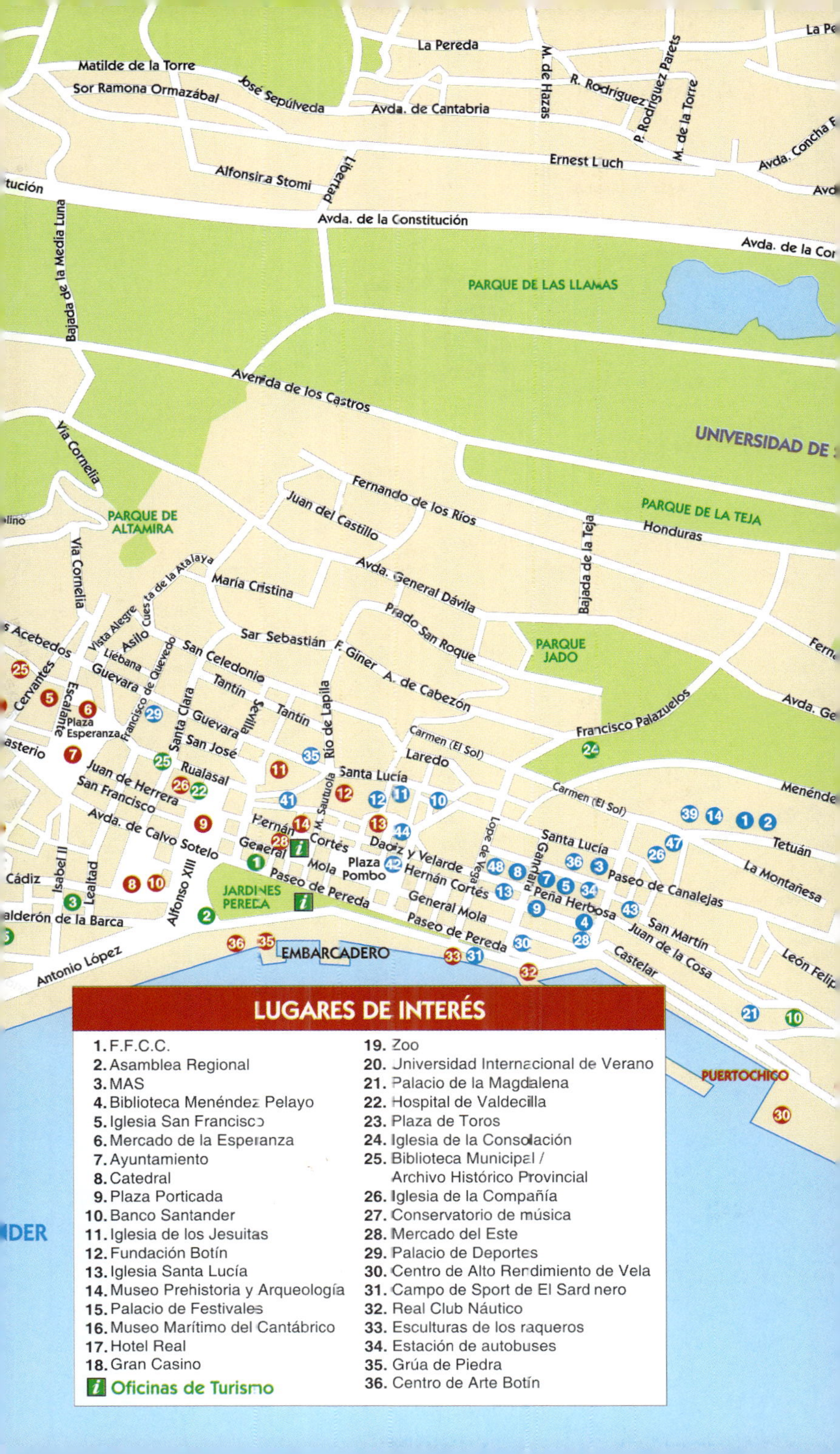

LUGARES DE INTERÉS

1. F.F.C.C.
2. Asamblea Regional
3. MAS
4. Biblioteca Menéndez Pelayo
5. Iglesia San Francisco
6. Mercado de la Esperanza
7. Ayuntamiento
8. Catedral
9. Plaza Porticada
10. Banco Santander
11. Iglesia de los Jesuitas
12. Fundación Botín
13. Iglesia Santa Lucía
14. Museo Prehistoria y Arqueología
15. Palacio de Festivales
16. Museo Marítimo del Cantábrico
17. Hotel Real
18. Gran Casino
19. Zoo
20. Universidad Internacional de Verano
21. Palacio de la Magdalena
22. Hospital de Valdecilla
23. Plaza de Toros
24. Iglesia de la Consolación
25. Biblioteca Municipal / Archivo Histórico Provincial
26. Iglesia de la Compañía
27. Conservatorio de música
28. Mercado del Este
29. Palacio de Deportes
30. Centro de Alto Rendimiento de Vela
31. Campo de Sport de El Sardinero
32. Real Club Náutico
33. Esculturas de los raqueros
34. Estación de autobuses
35. Grúa de Piedra
36. Centro de Arte Botín

i Oficinas de Turismo

La Pereda
La Pereda
Autonomía
Avda. del Faro
A Cabo
Parets
M. de la Torre
Consuelo Berges
Avda. Concha Espina
Valdenoja
Ingenio
PARQUE DE MATALEÑAS
Fco. de Cáceres
Avda. de Cantabria
Avda. del Faro
Avda. Manuel García Lago
Gregorio Marañón
Avda. de la Constitución
Real Racing Club
Real Racing Club
Juan R. Jiménez
Avda. de Pontejos
PARQUE MESONES
Avda. del Stadium
Avda. del Stadium
2ª PLAYA DE EL SARDINERO
Brañaflor
Brañaflor
UNIVERSIDAD DE SANTANDER
ENSENAD
EL SARDIN
Avda. del Stadium
Avda. Castañeda
QUE DE LA TEJA
nduras
Palencia
La Braña
Avenida de los Castros
Simón Cabarga
Avda. de Pontejos
JARDINES DEL PIQUÍO
Trasmiera
Simón Cabarga
Avda. de los Infantes
Las Cruces
LOS PINARES
Avda. de los Infantes
1ª PLAYA DE EL SARDINERO
Fernando de los Ríos
Avda. de los Hoteles
Avda. de Antonio Maura
Plaza de Italia
Castañeda
uelos
Avda. General Dávila
Avenida de Fernández
JARDINES DE SAN ROQUE
Avda. de los Infantes
Calleja del Norte
Joaquín Costa
Menéndez Pelayo
Duque Santo Mauro
Tetuán
Joaquín Costa
Luis Martínez
Luis Martínez
La Montañesa
Ramón y Cajal
Rocío
Ramón y Cajal
Ramón y Cajal
María Luisa Pelayo
Canalejas
Barrio Camino
Calatayud
Martín
la Cosa
León Felipe
Paseo de Canalejas
Teniente Fuentes Pila
Francisco Salazar
Duque Santo Mauro
Reina Victoria
Rocío
Paseo de Pérez Galdós
Paseo de Pérez Galdós
Nazarín
Mozart
Marianela
Don Daniel
PUERTOCHICO
Avda. Reina Victoria
Avda. Reina Victoria
PLAYA DE LA MAGDALENA
Avda.

RESTAURANTES Y TAPAS

1. Casa Silvio
2. La Flor de Tetuán
3. La Bombi
4. Bar El Puerto
5. Mazón
6. Maremondo
7. Fuente Dé
8. Goya
9. Gele
10. Cañadío
11. La Conveniente
12. Rampalay
13. Cruz Blanca
14. Marucho
15. El Vivero
16. La Gaviota
17. Casa José
18. Casa Mariano
19. La Montaña
20. Los Jamones
21. La Posada del Mar
22. La Chulilla
23. Balneario de la Magdalena
24. Balneario de la Concha
25. Las Olas
26. El Serbal
27. Bodega Antonio
28. Zacarías
29. Cantabria
30. Días Desur
31. Hijas de Florencio
32. El Moro
33. Machinero
34. Javi Quintanilla
35. El Riojano
36. Piedras Blancas
37. Los Peñucas
38. Peña Candil
39. Asador Aranda
40. Adarzo
41. Arrabal Once
42. La Cigaleña
43. Los Raqueros
44. Asubio Gastrobar
45. La Flor de Miranda
46. La Tucho
47. Querida Margarita
48. Brasas
49. El Molinuco Pulpería
50. La Vinoteca
51. Marea Alta

HOTELES Y HOSTALES

1. Central
2. Bahía
3. Abba Santander
4. Le Petit Hotel
5. Angelines
6. Piñamar
7. San Glorio
8. Del Carmen
9. Picos de Europa
10. Vincci Puertochico
11. Hotel Real
12. Santemar
13. Don Carlos
14. Silken Río
15. Hoyuela
16. Carlos III
17. Las Brisas
18. Sercotel Palacio del Mar
19. Alisas
20. Bedoya
21. Cisneros
22. La Mexicana
23. Liébana
24. NH Santander
25. Coliseum
26. Chiqui
27. Gran Hotel Victoria
28. Gran Hotel Sardinero

Tal biblioteca constituyó una de las mayores preocupaciones del propio Menéndez. Estaba obsesionado por conservar sus libros y anaqueles. Lo cierto es que a los doce años, Marcelinito no leía cuentos sino sesudos tratados (mientras sus "amigos" jugaban o hacían manitas, él se cultivaba leyendo a Bossuet, Fenelon, Catulo, Balmes y gente así). Las portadas de algunos de los libros que leía se pueden apreciar en una de las vitrina de la Biblioteca M. P. Tanto leía el ya sabio que su padre decide en 1872 dejar uno de los cuerpos de su librería para que el mozo, que tiene dieciséis años, ponga los 2.000 volúmenes propios...

Pasa el tiempo mejoran las finanzas y la familia decide construir una casa en la calle Gravina. Los libros del erudito no caben, y en 1884 hay que hacer un pabellón en el jardín, que se amplia en 1892, para dar cabida a tanto papel, etc. Cuando murió, Marcelino Menéndez Pelayo había acumulado miles de volúmenes. La idea de construir un edificio para albergar los tesoros propiedad del santanderino surgió en Buenos Aires. La Corporación Municipal santanderina puso 50.000 pts. las Cortes otorgaron un crédito especial para la financiación del monumento a la par que llegaban cuantiosas donaciones de América y de diversos organismos e instituciones ...

Pero se tardó un poco en plantear la obra, por fin en 1916 el arquitecto Leonardo Rucabado se encarga de proyectarla: la mayor dificultad fue la del poco espacio que podía utilizarse como solar. El edificio, inaugurado en 1923, ha sido definido estilísticamente como *montañés historicista* (con sutilezas barrocas y herrerianas; *¿neobarroco renacentista?).* Los 42.000 volúmenes de la Biblioteca fueron legados por Menéndez a ésta su ciudad natal, con la condición de que no se desperdigará la colección de libros que *tantos sacrificios y desvelos* le había costado reunir.

El conjunto es monumento histórico artístico desde 1982. En él se mantuvo el **despacho**, *leonera intelectual* del sabio, sencillo, con mesilla y una estantería con los innumerables originales de sus obras completas. Es tal espacio el único respetado por Rucabado que permanece de la primera biblioteca. En los bajos la biblioteca se encuentra un agradable y acogedor salón de actos (la acústica es magnífica) y parte de los muebles son salmantinos. La entra-

Detalle de la tumba de Menéndez Pelayo en la Catedral

da a la biblioteca presidida por la **estatua sedente** de don Marcelino cincelada en mármol blanco por Benlliure, se encuentra donde estuvo la solana por la que paseaba el escritor.

Tesoros: infinitos libros con anotaciones de don Marcelino; veintitrés incunables y 563 manuscritos: *Crónica Troyana* (S, XIII-XIV), *La Eneida* del marqués de Villena, y de éste también *El Arte Cisoria*, cuarenta y siete piezas del puño y letra de Quevedo (entre ellas *La virtud militante)*, manuscritos de Lope de Vega (*Los melindres de Belisa,* comedia), el epistolario de Menéndez (17.000 cartas); *Las Enneadas* de Plotino (incunable de vitela): impreso florentino (1492) en edición que fue costeada por Lorenzo el Magnífico. Del complejo forma parte la *Casa museo Menéndez Pelayo* (véase el capítulo dedicado a los *Museos).*

BIBLIOTECA MUNICIPAL: Gravina, 4. Horario: de las 16:00 a las 21:00 h. Abren los sábados. Instalada primeramente en el Ayuntamiento de Santander (1809), pero desde 1923 forma parte de lo que denominaríamos *complejo Menéndez Pelayo.* Manuscritos, importante hemeroteca y muchos volúmenes. Fondo con abundante materia sobre autores cántabros. En el patio, placas y demás homenajes que las repúblicas iberoamericanas le hicieron a don Marcelino (Argentina, Colombia, Nicaragua, Uruguay, etc).

ARCHIVO HISTÓRICO PROVINCIAL DE CANTABRIA: Gravina, 4; ☎ 942 23 43 72. Documentos sobre Cantabria desde el XIII hasta la presente centuria. Dos mil quinientos metros lineales de legajos y papeles. Protocolos notariales, registros de hipotecas antiguas, Diputación Provincial de Santander (s. XVIII), Corregimiento de Laredo (s. XV al XX) y un largo etc.

INSTITUTO GENERAL Y TÉCNICO: en la calle Guevara. Proyectado por los arquitectos Lorenzo Gallego y por Francisco Pérez de los Cobos.

IGLESIA DE SAN FRANCISCO: calle Escamantes. Obra de González Riancho, el arquitecto del Santander aristocrático. Levantada en 1940 sobre templo seiscentista.

NOTAS DE VIAJE

NOTAS DE VIAJE

NOTAS DE VIAJE

MERCADO DE LA ESPERANZA: tras la casa consistorial. Verdoso, y modernista de 1879 si bien fue inaugurado en 1904. Obra de Eduardo Reynals y de Juan Moya. Es el resultado de una serie de obras que se hicieron en lo que fue el solar del convento de San Francisco. El mercado se remodeló a finales del siglo XX y el espacio que lo rodea fue completamente levantado y redecorado en 2001-2002.

FAROLA (frente a la Casa Consistorial): en la que escultóricamente (y a modo de símbolo) están representadas las cuatro estaciones.

MALIAÑO: su construcción se inició en 1852. Obra importante en la que se ganó terreno al mar (*geometrizó la ribera,* en palabras de Dionisio Ridruejo).

AYUNTAMIENTO: en la plaza del Ayuntamiento. Construcción iniciada, con planos de Zapata, a principios del siglo XX y terminada hace unos 35 años. En el interior, pinturas de Calderón o alegorías sobre la fundación mítica de Santander.

PLAZA DE LAS ESTACIONES: en la que se concentran la moderna estación de autobuses inaugurada en 1987 por aquel famoso político que fue Juan Hormaechea, a de la Renfe y la de la los Ferrocarriles de Vía Estrecha o Feve (en la que veréis el *monumento al ferroviario* cincelado por Fernando de Arroyo). De la plaza sale el túnel o **Pasaje de la Peña** decorado con dibujos infantiles que recrean los monumentos y rincones santanderinos.

BARRIO PESQUERO: almacenes, viviendas, pequeños astilleros que arre-

glan y mantienen los pesqueros, iglesia, **centro de artesanía**. Los pescadores que tenían su feudo en Puertochico tuvieron que mudarse a éste su nuevo emplazamiento, para lo que se les contruyó (1943) un grupo de viviendas financiadas por el Instituto Social de la Marina, el Gremio de Pescadores y la Obra Sindical del Hogar. En total se edificaron 108 y las casas no podían sobrepasar los tres pisos. El paraje es célebre por las populares casas de comidas que lo adornan.

ESTACIÓN MARÍTIMA DE FERRYS: emplazada cerca de la Aduana y en terrenos ganados a la bahía. A unos metros de la Estación de FEVE y de la **Comandancia de Marina**. Moderna e impresiona ver el ferry (de varios pisos) pegado a la misma.

MÓNUMENTO AL MACHICHACO: cruz de piedra frente a la estación de los ferrys. Erigido en memoria de los que murieron a causa del la explosión del Cabo Machichaco.

SOMORROSTRO: por ser promontorio, estar cerca del mar y por su situación estratégica, los romanos eligieron el Somorrostro para asentarse. Luego se edificó una abadía en torno a la cual giró el vivir del entonces Puerto de San Emeterio. Hoy esta colinita sirve de base al edificio **catedralicio** que –y lo dijo Azorín– tiene algo de fortaleza y algo de caserón feudal.

IGLESIA BAJA-CRIPTA DEL SANTO CRISTO: la entrada mira a la calle Calvo Sotelo; emplazada bajo la catedral. Hace siglos el contador Toribio Puebla dirigiéndose al rey, para que erigiera obispado en Santander, escribió refiriéndose a la cripta catedralicia: *Es tan verdaderamente real que debajo de la iglesia hay otra con altar mayor y capillas.*

Nave central y dos laterales de cuatro tramos con ábsides poligonales. Planta rectangular (31 m x19 m). Es de lo poco de la

parte vieja que quedó tras el incendio de 1941 y el monumento más antiguo de la ciudad (medieval-romano), pues aquí estuvo el primitivo templo dedicado a san Emeterio y Celedonio.

Cronológicamente lo más importante de la misma fue hecho entre 1225 y 1270, aunque se reformó gracias a los desvelos del prelado Juan Domínguez. La cripta data, como hemos escrito, del siglo XIII. Estilísticamente es una transición del románico al gótico burgalés y un recuerdo de la iglesia abacial que originó la actual catedral. Está erigida sobre restos romanos tardíos descubiertos en las excavaciones que se llevaron a cabo entre 1982 y 1983 (durante las mismas también se recuperó la puerta del perdón primitiva). Dichos yacimientos romanos pueden verse bajo la cristalera que cubre parte del suelo de la cripta.

Contemplaréis en uno de los ábsides una **Piedad** de Gregorio Hernández y un **crucifijo** en el ábside mayor. En uno de los rincones veréis una vitrina en la que se guardan las *reliquias* o cabezas plateadas de san Emeterio y Celedonio, patrones de Santander. Afuera, la barandilla que abre el paso a la cripta (y sirve de mirador urbano) fue hecha en *La Nava* (Miranda de Ebro).

CATEDRAL DE SANTA MARÍA DE LA ASUNCIÓN (Iglesia Alta): en palabras del obispo Vilaplana, *oasis de paz en medio del ajetreo de la sociedad contemporánea.* Sobre ella escribió Braun (s. XVI): *en medio del edificio hay un amenísimo jardín, fragante siempre, con el gratísimo perfume de sus floridos árboles...*

Recordemos que la capital de Cantabria nació siendo un caserío en torno a las Calzadas Altas, alrededor de una comunidad religiosa. Al principio se edificó una ermita; luego, desde el siglo VIII, la abadía de los Santos Mártires a los pies del mar. En 1754, Santander se convierte en la sede de una nueva diócesis, transformándose, pues, la abadía en catedral.

Las primeras piedras datan del XIII, aunque propiamente el monumento comenzó a construirse en el siglo XIV. La catedral, en realidad, emerge sobre un altozano, al borde del agua. Después se fue rellenando la zona, ganándose tierra el mar, por lo que aparece ahora tierra adentro.

En febrero de 1941, Santander se incendio arruinándose buena parte de la fábrica catedralicia que se reconstruyó y se hizo entonces un cimborrio, ábside y girola, alargándose el crucero. La catedral, agregada a la basílica vaticana, estuvo lista para el culto en 1953: restaurada, amalgamando su viejo carácter de abadía-fortaleza con los recientes rasgos neogóticos y neoclásicos.

Las capillas periféricas son del XVII. La pieza más valiosa es el *retablo mayor* churrigueresco. El *coro,* encargado por el abad Pedro Luis Manso y Zuñiga, data de mediados del siglo XVII. Os detendréis ante la Piedad de bronce de Victorio Macho y el sepulcro o *estatua yacente* que representa a don Marcelino Menéndez Pelayo (*Marcellinus)*, también obra del palentino Victorio Macho: la cabeza del escritor santanderino descansa sobre almohada formada por una pila de libros; *Marcellinus Menéndez catholicae fidei defensor*... sobre el pecho la larga mano del erudito empuja una cruz y un libro abierto con la inscripción *¡Qué lástima tener que morir cuando me quedaba tanto por leer!*, una de las últimas frases que pronunció el sabio cántabro. Recordemos que los restos del erudito (y los de sus padres) fueron trasladados al recinto catedralicio el 26 de agosto de 1956 (Menéndez murió en 1912).

Otros enterramientos acogen los restos de *Joannes Plaza,* obispo santanderiensis (MCMXXVII); *Pedro Camus,* de finales del siglo XVI (capilla de la Puebla). En la capilla del Rosario contemplaréis la escultura que muestra al obispo *Vicente Sánchez de Castro* (capilla del Rosario).

Muy interesante, aunque se ignora cómo llegó a la catedral, es una *al-miará* o rectangular **pila de abluciones** árabe (está junto a la pared, antes del altar), con un poema en cúfico relativo a la *pureza del agua*. Por lo visto se uso tiempo atrás como pilar. Se sospecha que fue parte del botín de las campañas norteñas en la Baja Andalucía (siglo XIII), no hay que olvidar que las naos cántabras entraron, segun la tradición, en el mismísimo Guadalquivir sevillano...

Tal pila ha sido transcrita por varios arabistas, aunque se considera inmejorable la versión de García Gómez publicada en la revista Al Andalus (1947): *Soy en mi pureza más esplendorosa que el cristal de roca; mi cuerpo está hecho de blanca plata. Cuando viene a juntarse conmigo el agua límpida, parece perla*

que se derraman en un hueco cóncavo. El (agua) es, en realidad (de rango) inferior a mi, aunque yo soy (también) un cuerpo he cho de agua sólida.

Lo más vistoso de la catedral, tal vez sea el **claustro gótico** (últimamente apuntalado), que en otro tiempo hizo las veces de cementerio (como, por otra parte, era normal en muchos claustros abaciales). Fijaos en el gran órgano, y en las jambas de la puerta de acceso pues contienen los escudos reales de castillos y leones más viejos de España. Por último indicar que en la catedral tiene capilla la Virgen de la Bien Aparecida, Reina y Madre de La Montaña.

ITINERARIO MONUMENTAL

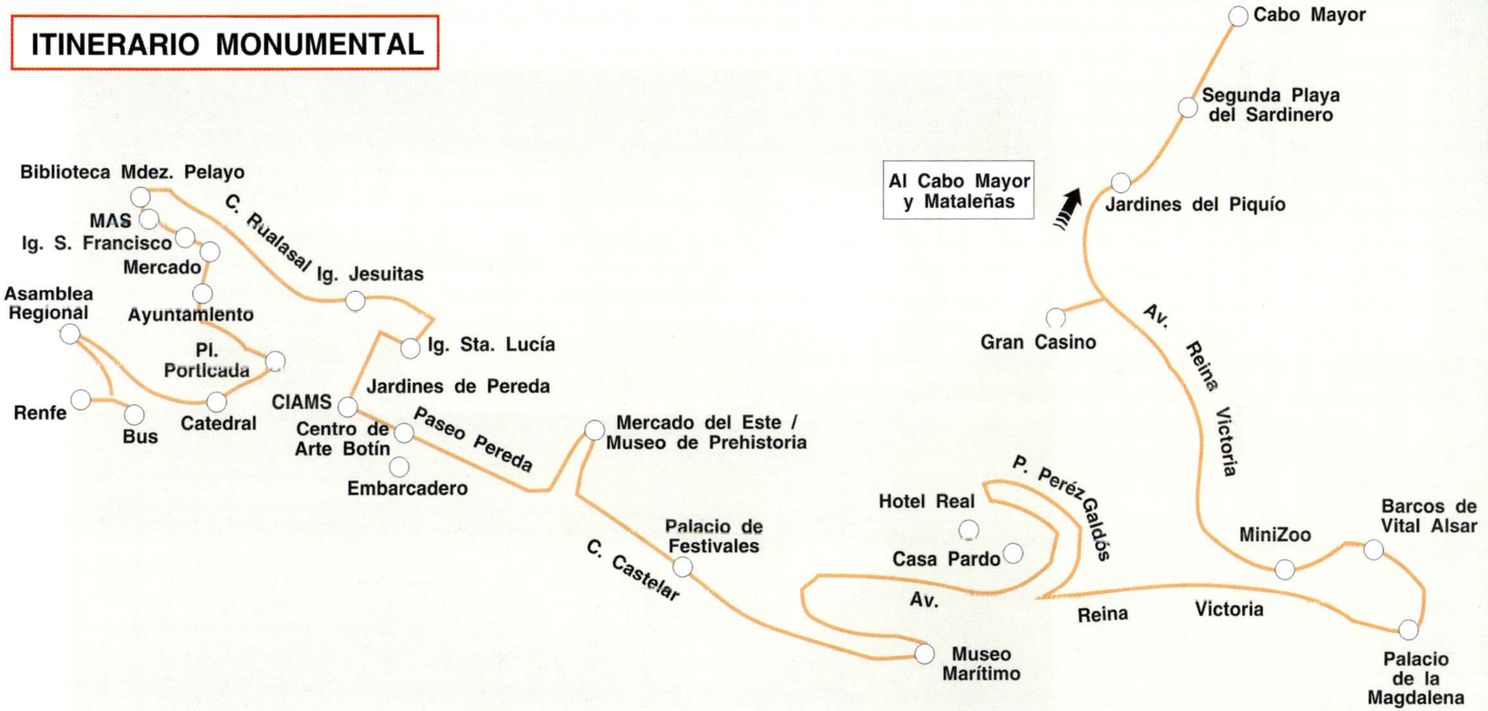

PLAZA DE ATARAZANAS: donde se construían naves en la Baja Edad Media. Monumento: La Montaña a la Asunción de la Virgen (1949). Toda esta zona quedó calcinada en 1941.

AVENIDA CALVO SOTELO: arteria resultante de las reformas que se llevaron a cabo tras el incendio de 1941. Calle de compras selectas, y boutiques...

IGLESIA DE LA COMPAÑÍA (o de la Anunciación): en calle Juan de Herrera, a dos minutos de la plaza Porticada. Fachada del XVII, pero sus raíces habría que buscarlas a finales del XVI. No se sabe a ciencia cierta quién la proyecto pero casi con toda probabilidad fue trazada por Juan de Nates y terminada por Juan Mazarre-

donda y Juan de Rivas. Tres naves y la catedral al fondo. Su construcción fue promovida por los preceptores de don Juan de Austria. El interior se quemó en el incendio de 1941, de modo que lo que hoy se ve está prácticamente recién hecho. Hacia 1861 en este templo predicó san Antonio María Claret. Bien de Interés Cultural desde 1993 y el mejor ejemplo de arquitectura renacentista de la región...

BANCO ESPAÑOL DE CRÉDITO: Hernán Cortes, 11. Arquitectura ecléctica que salió del cerebro de Casimiro Pérez de la Riva (1900) y posteriormente reformada por Javier González Riancho. Interior en torno a un patio de planta octogonal.

PLAZA PORTICADA (o plaza Velarde): cruzando la avenida Calvo Sotelo llegamos a la plaza Porticada. La plaza, cuyas es-

tatuas desnudas fueron la comidilla de la burguesía santanderina de posguerra, no tiene nada de particular, salvo algún detallito en la fachada y su carácter de construcción posterior al incendio del cuarenta y uno.

Desde 1952 (una placa lo recuerda) y hasta la edificación del Teatro de Festivales, la plaza acogió los *Festivales de Danza* (aquí se han celebrado 39 ediciones). En este recinto se cubrieron de gloria Rostropovich o Rubinstein, pero sobre todo, y dado que era cántabro, se recuerda que *en esta plaza el IX agosto MXMLIII triunfó Argenta.* Alberga, la plaza, las más diversas instituciones (Delegación del Gobierno, o la Caja de Ahorros de Cantabria). Está escoltada por las dos esculturas anteriormente mencionadas (*El Ahorro* y *La Beneficiencia*) talladas por Agustín de la Herrán. En uno de los laterales, en 2008, se llevaron a cabo unas excavaciones para encontrar restos de la Santander antigua, pues hasta aquí llegaba el mar...

Desde hace pocos años, en la entrada de la plaza Porticada han montado el **monumento a Velarde** que antes estaba en la plaza Alfonso XIII, donde se levanta el monumento a **Velarde** bajo la sombra de los fresnos: la escultura del militar (bronce de Trubia), junto a un cañón, dista diez metros del suelo, siendo primer monumento de este tipo que ilustró la ciudad. *Santander a la gloria de Velarde* (1880). Don Pedro Velarde (1779-1808), hijo de Juan y Luisa, nació en Muriedas (allí podréis visitar su casa) y murió heroicamente en mayo de 1808 defendiendo el matritense parque de Monteleón.

Hacia 1864 el Ayuntamiento santanderino decide erigir un monumento dedicado a Velarde. Se reunió tras suscripción popular el dinero, encargándose a José Piquer, escultor valenciano, la ejecución, aunque por diversas vicisitudes que no vienen al caso la escultura fue concluida años después por Elías Martín. Por cierto, la gente a propósito de la estatua de Velarde decía lo siguiente: *Si el casero te pregunta / cuándo le piensas pagar / di que cuando esté Velarde / puesto sobre el pedestal.*

IGLESIA DE LOS JESUITAS (o del Sagrado Corazón): calle Guevara-Alonso Ercilla. Abierta en horas de culto. Junto al Río de la Pila, neogótica y de finales del XIX, proyectada por Leocadio Pasagartundúa con la colaboración de José María Basterra. En el interior, pinturas murales de Enrique Imemcamp (1927). Sufrió el edificio lo males que le provocó la catástrofe de 1941. Frente al templo, monumento al Sagrado Corazón de Jesús, erigido en 1912.

RÍO DE LA PILA: calle cuyo nomenclátor obedece a que en ella había un lavadero y manaba una fuente (siglo XVIII). En el Río de la Pila se levantaba en 1879 el casino Kursaal, centro del Santander burgués y vivarachero. También en esta arteria estuvieron los famosos baños de don Aristides.

IGLESIA DE SANTA LUCÍA: Daoiz y Velarde-Santa Lucía. Abierta en horas de culto. Neoclásica y también neobarroca. Historicismo obra de Zabaleta erigido sobre unos terrenos cedidos por don Guillermo Calderón en 1820. Se puso la primera piedra en 1854, corrieron buena parte de los gastos (unos 24.000 reales) a cargo de la corporación municipal. La iglesia de Santa Luciuca fue inaugurada, con la correspondiente pompa, en 1868. Pórtico monumental; planta de inspiración paleocristiana. Por cierto, en ella se puede ver un óleo sobre lienzo en el que aparece representada Santa Lucía; pues bien el cuadro fue pintado por Paul Ratier, el supuesto *falsificador de Altamira...*

PLAZA DEL POMBO (antes plaza de José Antonio): amplio espacio por donde corretean los infantes: bancos y farolas azules, soportales y el baldaquino para la orquesta. Con tramos asoportalados y terrazas alineadas en verano. En la plaza, busto que representa a *Pancho Cossío* (en su centenario); junto a la misma, y sobre una de las fachadas (sobre la Caja de Burgos) el preciosista cartel de la *Holland American Line.*

PLAZA DE CAÑADÍO: en una de las casas que cuadran la plaza (Gómez Oreña, 15) vivió el pintor Pancho Cossío (1898-1970). Tan céntrico espacio urbano, ya lo hemos contado, fue en otro tiempo una fábrica de cerveza, un muro y un caño (una ensenadilla abierta por un playazo y un pequeño astillero en la ribera). Repetimos: la historia de tan extraño nomenclátor habría que remontarla a la dieciochesca fábrica de cerveza que un tal Campo tuvo en estos pagos. Para hacer la cerveza dicho fabricante tenía que utilizar agua de la fuente y devolver el sobrante a la ciudad, para lo lo que tuvo que *encañar* el líquido elemento. Y de caño, *Cañadío.*

CORREOS Y TELÉGRAFOS: avenida de Alfonso XIII. Edificio de 1915 proyectado por Secundino Zuazo y por Eugenio Fernández Quintanilla. En la fachada llama la atención cierto toque neogótico y la bonita balconada de influencia canaria. Buzones con formas leoninas, etc.

BANCO DE ESPAÑA: avenida de Alfonso XIII. Se terminó de construir en 1928, bien es verdad que las obras comenzaron en 1922. Los planos, planta rectangular, son de Eloy Martínez del Valle siguiendo las pautas estilísticas de una palacete renacentista. Fijaos, en la fachada superior, en la balconada con columnas pareadas.

En esta zona, además, *monumento* que rememora el fuero otorgado a Santander, obra de Otero Oreña. Restos del *muelle* dieciochesco de Colosia.

PLAZA DE ALFONSO XIII Y JARDINES DE PEREDA: en el centro de los jardines se encuentra la **Oficina Municipal de Turismo**.

Monumento a Pereda: de aspecto neorrománico al decir de Dionisio Ridruejo. Proyectado por Lorenzo Coullaut Valera e inaugurado en 1911.

Monumento a Concha Espina (inaugurado por Alfonso XIII): sencilla fuente escoltada por unos sauces. Esculpido por Victorio Macho (1927, en ese año Espina recibió el Premio Nacional de Literatura). El grupo se completó con un frontón (1960) dedicado a **Víctor de la Serna** (1896-1958), hijo de la escritora, periodista, y fundador de *La Región* y *El Faro,* amén de ser uno de los más relevantes periodistas del siglo XX español.

Paseo de Pereda: esta línea urbana se llamó, sencillamente, *El Muelle* (1786). Las primeras construcciones recibieron, entre otras, las alabanzas de Melchor Gaspar Baltasar de Jovellanos o las de Jorge Borrow (1837) quien definió el paseo como vía de *anchos andenes y sólidas edificaciones* (que fueron propiedad de los mercaderes y almacenistas que comerciaban con

América y que controlaban entre otras mercancías, la lana o harina que en el XVIII llegaba desde Castilla, por Reinosa, hasta Santander y los almacenes del paseo de Pereda).

Casas del paseo: algunas coronadas por *mansardas* o buhardillas, constituyen una las riquezas artísticas más importantes que ofrece la capital cántabra (son monumento histórico-artístico). A finales del XIX, la burguesía santanderina quería tener una vía más curioseada y europea: comienzan en 1891 los trabajos para hacer un parque y un *boulevard*, terminándose el paseo en 1902.

Corría el año 1894 y se presentó una proposición en el Ayuntamiento para dedicar el paseo a José María de Pereda, vivía todavía el novelista montañés, pero habrá que esperar hasta 1903 para que el boulevard reciba el nombre del literato cántabro. *Veo con gusto*

cuánto va subiendo la suscripción popular con que a Pereda y a mí nos honran los paisanos dispersos por el mundo (escribirá Menéndez Pelayo).

Durante 1905 se aprovechó este espacio para instalar la Exposición de Artes e Industrias: los capitales americanos estaban frescos y la gente, los indianos y tal vez algún jándalo, querían lucirlos. Se adecenta para la ocasión toda la zona: palmeras, tilos y plantas donadas decorarán los jardines y el paseo. En aquellos tiempos esta arteria lindaba con el mar y algunos de los edificios eran almacenes, despachos portuarios, comercios. Por último, indicar que el paseo fue semidestruido a causa del incendio de 1941.

Andando por el paseo de Pereda fijaos en:

Casa del núm. 4	*Botica del Puente,* fundada en 1806 (esterilizados, apósitos, sueros, vacunas y las estanterías de madera). *En esta casa habitó largo tiempo y dio vida inmortal a Sotileza don José María Pereda.*
Casa del núm. 25	Fíjense en la entrada.
Casa del núm. 26	Donde nació don Juan Ignacio Pombo, quien en 1935 voló desde Santander a Méjico.
Casa del núm. 36	Portal, ciertamente, señorial. Vistoso portacarteles, Perez & Cia, Consignatarios de Buques.

CASA POMBO: con un interior fastuoso y aristocrático, escalera imperial de mármol. Fue proyectada en 1875 por Atilano Rodríguez. Ornamentación a base de dobles pilastras con capiteles corintios. Es la sede del Real Club de Regatas.

EDIFICIO DEL BANCO SANTANDER: dos cuerpos unidos por un gran arco (con reloj en el reverso y bajo el que pasa la calle Marcelino Sanz de Sautuola). Fue proyectado en 1875 por Atilano Rodríguez y reformado en 1945 por Javier González Riancho. Las cuatro grandes estatuas que cuelgan de la fachada simbolizan las artes, la cultura, el comercio y la navegación. Luce un gran friso alegoría de la banca protegiendo la minería, los deportes, los altos hornos, industrias… o sea, de cuando la banca era industrial y no financiera.

Por cierto, viene al caso que cuando en 2008, antes de las elecciones y del reconocimiento de la "crisis", Botín vendió todo los edificios del banco; o sea, los vendió a terceros y los mantuvo para sus cosas pero alquilados, el único edificio que quedó, por motivos de historia doméstica, como patrimonio del Banco Santander es precisamente esta sede santanderina…

CENTRO DE ARTE BOTÍN: en el Muelle de Albareda, al lado de los Jardines de Pereda, ☎ 942 04 71 47. www.centrobotin.org Horario: 10 a 21 h. El edificio es del gran arquitecto Renzo Piano que construyó el famoso Centro Pompidou de París. Se trata de un edificio espectacular, una parte del mismo, en voladizo, cuelga sobre el muelle. Organizan visitas guiadas, hay que reservar on line con 48 h de antelación (www.clorian.com). La entrada general cuesta 8 euros. Organizan importantes exposiciones de arte moderno.

EMBARCADERO (Antigua Aduana): frente a los jardines de Pereda, obra de Aníbal González Riancho y de principios de siglo. Utilizado como aduana y, actualmente, sala de exposiciones propiedad de la Junta del Puerto. Frente al embarcadero, la *fuente de los Meones.* Desde el embarcadero se divisa la **grúa de Piedra,** arqueología industrial: tiene treinta toneladas y fue construida entre

1896 y 1900 por Sheldon y Gerdtzen. Se trata de un pilar de hormigón hidráulico y mampostería de catorce metros de altura sobre el que se asienta un cuerpo más estrecho con ménsulas de hierro.

Entre el embarcadero y el club marítimo contemplaréis un grupo escultórico que muestra unos chicos que se van a tirar al agua: son los **raqueros**, niños descritos en las novelas de Pereda que cuando alguien lanzaba una moneda buceaban y la recogían.

CLUB MARÍTIMO (o Náutico): bordeando Puertochico. Edificio flotante (Gonzalo Bringas, arquitectura racionalista, 1927) al que sólo pueden acceder los socios (Alfonso XIII fue uno de ellos). Al lado del *club*, piedra dedicada a *Pick en su centenario.* Como curio-

sidad añadir que en 2002 hicieron escala en Santander los participantes de la famosa *Regata Cutty Sark.*

PUERTOCHICO (Dársena de Molnedo): proyectado por José de Lequerica en 1884 con el fin de aligerar el tráfico del entonces puerto pesquero. Hacia 1924 la dársena cobijaba un conjunto de *pataches, pailebotes* y *lanchillas.* Actualmente convertido en puerto de recreo o deportivo, tuvo antaño mucho más color pues fue el varadero de los pescadores.

Puertochiqueño llaman al natural o al vecino de este barrio. Por lo visto, el *Puerto* presto *se quedó chico.* Tal vez por eso, decidieron trasladar a los pescadores de sitio: les hicieron unas casas (1943) en la gran dársena de Maliaño (en el Barrio Pesquero): había que dejar hueco a los yates, a las velas, y arreglar el paseo, etcétera.

Frente al puerto chico veréis varios edificios con valor arquitectónico: el **edificio Siboney,** una construcción racionalista (1931), y el **Vitalicio** (finales del XIX, proyectado por Gonzalo Bringas).

DIQUE DE GAMAZO (Varadero de San Martín): donde antaño se construían o reparaban buques. Recientemente se ha construido, junto al Palacio de Festivales, el **CAR** de Vela Príncipe Felipe, edificio de ligera estructura y frecuentado por los aficionado y, sobre todo, por los profesionales de la vela.

PALACIO DE FESTIVALES DE CANTABRIA: avda. Reina Victoria-calle Gamazo. Aquí se celebra el Festival Internacional de Música y Danza (incluye ballet y teatro). Construcción de 24.800 m^2

comenzada en 1985 por Dragados sobre solar de 120 m x 40 m. Se levanta hasta los 34 m. El gran bloque escalonado está abierto al mar por una gran cristalera trapezoidal envuelta por una gran placa de cobre envejecida y que da al edificio ese color verdoso. Mármol blanco de Macael y piedra rosa proporcionan una contrastada tonalidad al resto del palacio. El edificio ha producido una tremenda ruptura en el tejido urbano santanderino y en la línea marítima de la ciudad, pese a que su arquitecto, Sáenz de Oiza, intentó que los volúmenes descendieran, de forma armónica, desde la calle Reina Victoria hasta la bahía.

Interior en el que resalta tanto el cromatismo como la perspectiva e infinitos toques de aire clasicista. La *sala Argenta* (principal) muestra unas columnas pintadas por Raúl Reyes y cuadros, con escenas de ballet (*Giselle, Las Sílfides*), que han salido de la mano de José Ramón Sánchez, autor, igualmente, de unas esculturas de

vidrio relativas a la danza. En el segundo bloque se abre la Sala Mayor (19.000 m^3, 40m x 40m).

PLAYA DE LOS PELIGROS: de fina arena y a unos metros del Museo Marítimo. Le sigue la playa del *Promontorio* y, después, La Magdalena.

PASEO MENÉNDEZ PELAYO: Elías Ortiz (1924) lo describió como paseo de *alegres chalés con bien atendidos jardines.* Por donde pasaba el tranvía camino de El Sardinero (otro tranvía llegaba a esta playa tras bordear la orilla).

Sigue siendo vía cerrada por numerosas villlas (*Maruja, Pepita...)*, vanguardistas casas piramidales, casas ajardinadas. Monumento en esta rúa es **El Solaruco,** construcción proyectada por Leonardo Rucabado en 1928, gran arquitecto que revisó con inteligencia y utilizando piedra y madera el lenguaje arquitectónico típico de la montaña (solanas, blasones, torres). La ancha y ascendente calle, con panorámica, termina en el *Alto de Miranda,* espacio con alguna terraza y centrado por un obelisco franquista.

AVENIDA DE LA REINA VICTORIA: con azuladas farolas. El nomenclátor recuerda los baños que en los bajos de la avenida tomaba la reina Victoria Eugenia de Battenberg. La vía como tal nació ante la necesidad de conectar el centro de la ciudad con la Primera Playa de El Sardinero. El proyecto estaba listo en 1911, mas se tardaron algunos años en terminar la obra. En 1948 la avenida se prolonga hasta la plaza de Italia. No siempre se llamó así: en 1936 el alcalde Ernesto Castillo cambio el nombre de reina Victoria por el de Pablo Iglesias...

Actualmente, a la vera de la avenida se suceden villas, hoteles, parterres, jardincillos playas en los bajos, teniendo al mar como telón. A lo largo de la avenida veréis:

Estatua sedente de Gerardo Diego (a la altura del número 79): poeta y ensayista de la generación del 27 y uno de los santanderinos más universales. Cerca, monumento-homenaje dedicado por el pueblo de Santander a *José Estrañi Grau* (1840-1919), y la *Cruz de los Caídos* de la IV División de Navarra que ocupó *esta plaza el 26 de agosto de 1937.* Un poco más arriba (cruce con Primo de Rivera) llegaréis a la capillita de la *Virgen del Mar* (data de 1944).

PASEO DE PÉREZ GALDÓS: en 1908 el Ayuntamiento –todavía vivia el escritor– bautiza esta calle con el nombre del gran novelista grancanario. En efecto, don Benito Pérez Galdós tuvo en esta rúa un chalé. Hacia 1871 el de los Episodios Nacionales visita Santander y en 1892 inauguró su mansión de la que actualmente no queda nada. El escritor era propietario de la finca San Quintín (en 1904 se publicó una postal en la que se ve a don Benito con su perro en el huerto de su mansión).

Tal vez sea ésta la vía más elegante de Santander. Contemplaréis lo algunas villas (*Montemar; La Casuca, proyectada por Leonardo Rucabado en 1914; El Promontorio*, núms. 30-32, con frondosos árboles; *farolas de 1832*, Edge London), etc.

Casa Pardo (casa de Emilio Botín): obra del arquitecto de la Santander aristocrática; o sea de González Riancho (1915). Llamativa veleta. Jesús Pardo, en su magnífico libro de memorias *Autorretrato sin retoques* (Anagrama, 1996) recuerda que el palacete *fue de mi tío Adolfo el naviero y pasó luego a los Botín por veinte mil duros.*

Hotel Real (núm. 28): en 1916 se constituye una sociedad para la construcción de tan magno establecimiento, finalmente diseñado en estilo neofrancés por de Javier González Riancho. Financió la obra Emilio Botín López, primer presidente del Banco de Santander. Alfonso XIII siguió el proceso constructivo

y, probablemente, sugirió algún detalle. Franco, Gina Lollobrigida o Primo de Rivera han pasado la noche en esta espléndida instalación hotelera de cinco plantas que es además un inigualado mirador-promontorio sobre la bahía.

PENÍNSULA DE LA MAGDALENA: *Parque de La Magdalena,* ☎ 942 27 25 04. Abierto de junio a septiembre entre las 8:00 y las 22:00 h; el resto del año abren entre las 8:00 y las 20:00 h. La península (parque de 24,5 hect.) es así denominada porque sus bosques acogieron en otro tiempo un eremitorio bajo la advocación de Nuestra Señora de la Magdalena.

Desde la guerra de la Independencia este territorio pertenecía (por claras razones estratégicas) al ramo de la Guerra (al Ministerio de Defensa para entendernos), pero fue Antonio Maura quien lo devolvió a la ciudad de Santander, acordando el Consistorio, un lustro después, ofrecerlo como presente (para pasar el veraneo) a don Alfonso Borbón.

Estatua de José del Río (Pick): en la entrada de la Magdalena, Pick en bronce (1886-1964): el *poeta* santanderino *del mar*, viejo lobo, marino mercante, ancuvo en los burdeles de medio mundo. Tras un accidente, se decidió a rememorar lo vivido y, bueno, obtuvo el premio Fastenrath. El monumento estatuario a Pick es obra de José Villalobos (1908-1967), escultor de Castro Urdiales (fue inaugurado el 30 de octubre de 1965).

Mini zoo: a doscientos metros de la entrada.

Barcos de Vital Alsar (Museo del Mar): navegó este santanderino, a bordo de una balsa, de Australia a Guayaquil. Entre sus

pensamientos recogemos el siguiente: *La mar es cuna de los hombres, mecen y filtran dudas, para luego sentir la alegría y fuerza de Dios.* Junto a los barcos, **sirena**, mascarón de proa de la *Marigalante* construida en México para recordar al santoñés Juan de la Cosa.

El Magdaleno: trenecito turístico que recorre la península. En invierno las ventanas del tren se cierran con metacrilato. Monumento dedicado a Felix Rodríguez de la Fuente.

Palacio de La Magdalena: *El palacio, medio castillo inglés, medio chalet suizo, no es muy hermoso, pero queda muy instalado en el paisaje verde* (definición perfecta de Dionisio Ridruejo). ¿Otra definición?, por ejemplo la de Javier Martín: *La Magdalena tenía que ser una casa veraniega, pero a los arquitectos se les fue la mano.* Lo cierto es que en 1912, y para competir con San Sebastián, el desprendido Ayuntamiento de Santander ofrece este recinto a los reyes para que vengan a veranear a la ciudad. La corporación hizo: *Donación graciosa (...) al citado Señor Don Alfonso de Borbón de todos los terrenos, edificios y demás bienes inmuebles que están dentro del perímetro de la misma finca y los haya adquirido por cualquier título el Ayuntamiento.*

Las obras, a cargo de Javier González Riancho y de Gonzalo Bringas, iniciáronse en 1909, se eligió el estilo ingles o escocés o francés o dios sabe qué (no se aclaran los especialistas). Lo cierto es que para agradar a Victoria Eugenia, la obra costó unas 700.000 pts reunidas por suscripción popular (!¡). Por fin, en 1912 estaba todo casi listo, salvo los baños que se pudieron terminar gracias a 55.000 pesetas donadas por el marqués de Valdecilla...

El palacio no se entregó a la Monarquía sino a don Alfonso de Borbón para que pasara los estíos. El 4 de agosto de 1913 llegaron Alfonso y Victoria Eugenia a bordo de El Giralda. Entre aquel 1913 y 1930, Santander recibió continuamente a los reyes. Victoria Eugenia llegó a decir que en *La Magdalena se sentía muy feliz y más independiente que en ninguna otra de nuestras residencias.*

Luego el rey abandonó España y en 1931 el palacio es incautado por los republicanos quienes decidieron convertirlo en Universidad Internacional de Verano a partir de 1933, para lo que Javier González Riancho edificó un paraninfo. En la mencionada Universidad de Verano se organizaban *cursos generales y conferencias sobre temas variados de interés general en sus diferentes ramas científicas y literarias.* Hoy el palacio y la península de La Magdalena (280.000 m²) son propiedad de la ciudad que la donó, no a la Monarquía, sino a Alfonso de Borbón (para rematar la cosa, en 1977, el conde de Barcelona lo vendió por 150.000.000 al Ayuntamiento).

El palacio, además, estuvo en mal estado durante muchos años. A finales del siglo XX no hubo más remedio que restaurarlo a fondo, buena parte de la madera estaba podrida y abundaban las ratas. Aquellas obras duraron nueve meses. El 14 de junio de 1995, Sofía y Juan Carlos inauguraron oficialmente las obras de rehabilitación. A poco del palacete veréis las georgianas **caballerizas**, construidas en 1915 por Javier González Riancho.

Universidad Menéndez Pelayo (historia): creada en 1932, tras incautarse el palacio de La Magdalena. Uno de sus directores fue Pedro Salinas. En efecto, por aquí pasaron Ortega, Marañón, García Lorca, Josep Sureda Blanes, Unamuno, Américo Castro o un habitual de Santander y el desaparecido hotel Rex, Dámaso Alonso.

Lógicamente en la posguerra decae la Universidad y se convierte en centro para aprender idiomas. En 1945 cambió de nombre y desde entonces será la Universidad Internacional Menéndez Pelayo. Tres años después se reinician tímidamente las actividades y conferencias. De todas formas hasta 1960 no despega de verdad la institución. Y así hasta los tiempos que corren...

Además de recordar la historia de la UIMP, en la península os podéis bañar en la playa de los **Bikinis**. Y desde ella se ve la **isla de la Torre** y el islote de La Horadada, por donde según la leyenda, san Emeterio y santo hermano, al pasar, hicieron un agujero o puente. Por cierto, en la isla de la Torre estuvo un tiempo Isabel II: aquella reina casquivana llegó a la capital de la Montaña con un herpes pertinaz (con una cosa venérea, para entendernos). Para su recreo, las autoridades santanderinas adecentaron el mencionado islote. En cuanto a la vegetación de la península, antaño estuvo poblada por un encinar; muchos de los pinos vinieron de El Pardo y fueron mandados transplantar por Alfonso XIII.

PLAYA DE LA MAGDALENA: amplia y concurridísima. Con un cercano club de tenis y un club de polo. Restaurante *La Horadada.*

PLAYA DE LOS BIKINIS: así llamada porque los mirones tuvieron la oportunidad de apreciar en este espacio los primeros biquinis.

PLAYA DE EL CAMELLO: en la que una roca recuerda la forma de un *camélido*. Tras ésta se encuentra la **playa de la Concha** (250 m). En un farallón cercano veréis la silueta de un *Neptuno,* sin duda una de las esculturas más interesantes que ofrece la ciudad.

PRIMERA PLAYA DE EL SARDINERO: el turismo se organizó en esta playa gracias a la promoción de la misma que hizo a principios de siglo la Sociedad El Sardinero, que reunió un capital de unos dos millones de pesetas y consiguió la concesión de la Primera Playa, de los baños, de los hoteles y del viejo casino. Actualmente, la de El Sardinero, está considerada como una de las mejores playas urbanas del mundo. Supera en largura los dos kilómetros.

MONUMENTO A AUGUSTO GONZÁLEZ LINARES: naturalista de Cabuérniga (1845), descubridor de un gran yacimiento de fósiles del secundario en el Besaya y uno de los precursores de la Institución Libre de Enseñanza. González Linares fue catedrático de Ciencias Naturales en la Universidad de Santiago, quería enseñar las teorías evolucionistas y los obispos consiguieron que dejará de *enseñar*. Fundó en 1886 la Estación de Biología Marina. Hizo unos cobertizos y abrio un pequeño museo-acuario en la playa de El Sardinero. Cuando murió testó que le enterraran por lo civil (estaba el hombre dolido).

GRAN CASINO (plaza de Italia; ☎ 942 27 60 54) no es el primer Casino que tuvo Santander, en 1870 funcionaba otro en otro sitio. El presente fue proyectado por Eloy Martínez Valle y data de 1916. Dispone de sala de juegos, **restaurante** (cocina cántabra de calidad) y cafetería.

PLAZA DE ITALIA: antes del actual nomenclátor era conocida como la placita del Pañuelo. En 1917 y a raíz de los "aristocráticos" edificios que se levantaron (el Gran Casino entre ellos) se reforma toda la zona, convirtiéndose en el corazón de El Sardinero. Espacio repleto de veraniegas terrazas. El Casino cuenta con un buen **restaurante** (resultan especialmente apreciados los postres que ofrecen; cierran los domingos y a mediodía de lunes a sábados; caro).

AVENIDA DE LOS HOTELES: evocadora calle en plena decadencia. Hoy arruinada, otrora rodeada de hoteles con encanto (hostal París, etc).

JARDINES DE PIQUIO: pequeña península ajardinada que separa la Primera Playa de la Segunda. Palmerales y extraordinaria panorámica playera.

SEGUNDA PLAYA DE EL SARDINERO (o playa de Castañeda): amplio y pulcro arenal cerrado por el hotel Chiqui y la playa de los Molinucos. Junto al Chiqui el monumento dedicado

al valor de los **cántabros**. En la zona se encuentra el **monumento a los Bolos,** o sea al deporte regional por antonomasia.

PARQUE DEL DOCTOR GONZÁLEZ MESONES: lleva el nombre del alcalde de Santander que lo creó: tamarices, palmeras, chopos, olmos, etc. En la zona veréis la estatua que representa a **Benito Pérez Galdós.**

CAMPOS DE SPORT DE EL SARDINERO: en los bajos del campo la cervecería *Stadium*. Tras la primera línea de El Sardinero veréis una serie de edificios, entre ellos está la *fuente de Cacho* (agua fresca).

CUETO: donde se halla el parque *Mataleñas-Valdenoja*. Finca municipalmente expropiada de 200.000 m^2. Palmerales, algún tejo. Panorámica.

MATALEÑAS: campo de golf. Tras el campo aparece la playa de Mataleñas.

CABO MAYOR. *Monumento a los Caídos:* encargado por la Jefatura Provincial del Movimiento, diseñado por el arquitecto Lavín del Noval y esculpido por José Villalobos. Inagurado el 31 de agosto de 1941.

FARO: gran columna blanca de 30 metros. Su luminosa estela alcanza las 30 millas. Es el más importante de Cantabria y se construyó en el año treinta.

PUENTE DEL DIABLO: hueco ocasionado en los materiales kársticos por la acción erosiva del mar. Mirador. Cerca de Cabo Mayor se encuentra el *cámping* municipal. Desde Cabo

Mayor se puede hacer una corta excursión hasta la Albericia o hastas San Román.

EL PUNTAL: frente a la ciudad, en el otro lado de la bahía; ocho kilómetros de fina arena (se puede ir en lancha).

PALACIO DE LOS RIVA-HERRERA: en el barrio de Pronillo de Santander, al norte de la "Ciudad Jardín". Se llega por la calle Herrera Oria, frente al Servicio Municipal y Depósito de Aguas. De mediados del siglo XVI. El conjunto está compuesto por una torre de aire medieval, un palacio porticado y una capilla. La portada flanqueada por dos cubos cilíndricos almenados luce las armas de los Riva-Herrera y Alvardo Sarabia. Bien de Interés Cultural desde 1979.

PARQUE DE CABÁRCENO: a unos 15 km de Santander. ☎ 942 56 37 36. www.alberguecabarceno.com: ocupa 759 hect. Espacio de topografía kárstica modelada por el hombre, los romanos ya obtenían hidróxido de hierro, en el que viven desde tigres o leones a osos pardos. En los últimos destaca por su colección de gorilas.

SENDERISMO URBANO

Entre los largos paseos que se pueden dar por la ciudad hay dos especialmente indicados:

GRÚA DE PIEDRA-FARO CABO MAYOR. En total hay que andar unos 7 km bordeando la bahía, casi todo por un bonito paseo urbano. El itinerario es el siguiente: Grúa de Piedra, Bahía, Los Raqueros, Embarcadero, playa de la Magdalena-Piquío-Playa del Sardinero-Mataleñas-Cabo Mayor. Se tarda en hacer el recorrido casi dos horas.

SENDA DE LA MARUCA. Para hacer esta excursión pedestre se puede coger el autobús 18, es una ruta de 7 km y el itinerario es el siguiente: Batería San Pedro del Mar-Punta Cruz de Flores-yacimiento arqueológico-playa Rosamunda-playa de Carabineros-La Maruca-castillo de Corbanera-molino de Aldama-estuario de San Pedro del Mar, etc. Aquí se encuentra el **Centro de Interpretación del Litoral,** batería de San Pedro (Monte, La Maruca), hay que concertar la visita en el ☎ 618 71 76 13.

PLAYAS

Santander cuenta con excepcional ramillete playas (más de cuatro kilómetros de arenales). La de **El Sardinero**, lo repetimos, está considerada como una de las mejores playas urbanas del mundo, pero ni de lejos es la única. Desde el paseo Reina Victoria veréis la paradójicamente tranquila y protegida playa de **Los Peligros**, más **La Magdalena** y la playa de los **Bikinis**, protegida de los vientos. Entre La Magdalena y Cabo Menor el litoral aparece alineado por los arenales de **El Came-**

llo (una roca se parece al animal), **La Concha** y por las mencionadas **Primera y Segunda Playa de El Sardinero**. A unos diez kilómetros de Santander, se extiende la amplísima **playa de Liencres**. Más allá de El Sardinero, tras el cabo de Mataleñas, localizaréis dos playas algo solitarias: **Los Molinucos** (nudista, sólo es posible llegar a pie, es una playa que sólo existe cuando lo permite la marea) y la de **Mataleñas** (en Cueto), pequeña cala rodeada de acantilados cerca ya del Cabo Mayor, 125 m. No lejos se encuentra la playa **Virgen del Mar** (junto a la isleña ermita, tiene unos 400 m). **La Maruca** es una playa que está cerca de Santander, en Monte, en una zona pesquera, tiene una amplia zona de aparcamiento. Cerca de la anterior, **El Bocal**, playa salvaje y agreste. Frente a la ciudad, en el otro lado de la bahía, se abre **El Puntal** (ocho kilómetros de fina arena, se puede llegar en lancha). Por último, en la zona de Loredo-Langre, frente a a Santander y bordeando la playa de Somo que termina en El Puntal. Largo y ancho arenal desde el que se aprecia la bahía de Santander y el complejo alfonsino (El Sardinero, La Magdalena). Tenéis, además, una playa para naturistas. En Loredo se celebra anualmente el tradicional *derby* o carreras de caballos sobre la playa de varios kilómetros. **Galizano** es una localidad que cuenta con una magnífica playa y varias casas de turismo rural. **Langre,** paraje de ondulantes prados, en el que destacan tanto las playas como los espectaculares acantilados.

MUSEOS

CENTRO DE INTERPRETACIÓN DE LOS ANTIGUOS MUELLES-CIAMS: para poder hacer la visita, reservas: ☎ 942 20 30 00 ó 942 20 30 01 (en la oficina de turismo municipal, la que está en los Jardines de Pereda turismo@ayto-santander.es A resultas de las obras para hacer el aparcamiento subterráneo de la plaza Alfonso XIII se encontraron unas estructuras correspondientes a las murallas portuarias de los siglos XVI al XIX. Durante la visita os informarán de las distintas etapas histórico-urbanísticas vividas por la ciudad.

CASA MUSEO GERARDO DIEGO (Fundación Gerardo Diego, antes Casa-Museo Menéndez Pelayo): Monumento Histórico Nacional desde 1982. Gravina, 4; ☎ 942 23 45 34. Frente a la Biblioteca M. P., casona pintada de amarillo y con galería marrones en la que se encuentra la Fundación Gerardo Diego (organismo en proceso de organización). Construida en 1876 y con aire de villa, fue adquirida por don Marcelino a la viuda de su hermano Enrique. Más o menos tal y como la dejó fue abierta para la pública contemplación en 1935: cuarto, cama en la que expiró el sabio, comedor, sala de estar, etc. De modo que veréis algunos de los muebles usados por el polígrafo santanderino y por su hermano. La fachada está enmarcada por una galería central actualmente marrón, la misma estuvo cubierta de enredaderas. En los últimos años, y hasta el 2005, ha sido objeto de una importante reforma para albergar un pequeño museo, dedicado, como hemos dicho, a Menéndez y, también, convertirla en la sede de la Fundación Gerardo Diego (formada por el Ayuntamiento de Santander, los herederos del poeta y la Sociedad Menéndez Pelayo). Pronto albergará la biblioteca del poeta. En el exterior se pondrá una estatua de Gerardo Diego.

MAS (Museo de Arte Moderno y Contemporáneo de Cantabria, antes Museo de Bellas Artes): Rubio, 6; al lado de la Biblioteca Menéndez Pelayo; ☎ 942 20 31 20. Placa dedicada al actualmente tan de moda –lo han redescubierto los políticos– Miguel de Cervantes *(genio de la raza y príncipe de las letras).* Comparte manzana con la Biblioteca Menéndez Pelayo: fue inaugurado en 1908, pero trasladado a su actual sede hacia 1925. Aquí trabajó bastante y lo hizo muy bien, José Simón Cabarga, quien especializó el museo en lo que actualmente es: un centro dedicado a las Bellas Artes.

Edificio, ideado por Leonardo Rucabado, eclecticista y regionalista con elementos neoherrerianos e historicistas (balaustradas, frontones, pirámides). Pequeña aunque importante colección de numismática, medallística y sigilografía (monedas acuñadas en el s. II a.d.C.; sello matriz del siglo XIV de San Vicente de la Barquera). Componen el fondo unas ochocientas pinturas. Obras de los siglos XV-XVI y XVII, y de artistas contemporáneos. Destacan los cuadros de pintores cántabros: Riancho, Salces, Sainz, Pancho Cossío, Blanchard *(Gitana, La comida en familia, Cabeza de niño)*. Veréis, también, un "Carlos III" de Mengs. La obra más conocida es el retrato de Fernando VII de Goya. En los últimos años ha mejorado notablemente la colección de escultura gracias a la donación de Pablo Schabelky que incluye obras de Cristino Mayo, Hugues y Oteiza. Organizan **exposiciones temporales** en la parte baja; como por ejemplo la que en febrero de 2005 mostraba bastantes dibujos y pinturas de José Hierro.

DE PREHISTORIA Y ARQUEOLOGÍA: en el Mercado del Este, ☎ 942 20 99 22. El Museo de Prehistoria y Arqueología ocupa un moderno espacio expositivo de 2.000 m^2 en el Mercado del Este de Santander, ubicado en el centro de la ciudad, en la calle Hernán Cortés 4, junto al Paseo de Pereda. El edificio, construido entre 1839 y 1842 según planos de A. Zabaleta, fue declarado Bien de Interés Cultural en 1986. Además el Museo cuenta con las instalaciones del Centro de Investigación en la Avenida de los Castros 65-67, frente al rectorado de la Universidad de Cantabria. En este espacio se encuentran la biblioteca, laboratorios de investigación y restauración y de-

pendencias de administración y dirección del Museo, así como una exposición de las colecciones de reserva del Museo.

El fondo tradicional del Museo cuenta con unas 1.200 piezas arqueológicas, aquí se exponen las mejores, repartidas en distintas vitrinas; o sea, los muchos e importantes materiales arqueológicos que se han encontrado en Cantabria. Restos procedentes de las cuevas de Altamira, El Castillo, Morín, La Chora, El Juyo, Hornos de la Peña, Altamira, El Pendo; objetos del Paleolítico Superior, sobresaliendo las piezas de arte mueble, y en general las relativas a la riquísima prehistoria cántabra (no olvidemos que el arte mueble del Paleolítico Superior comienza a ser conocido y valorado internacionalmente a raíz de las investigaciones llevadas a cabo en yacimientos cántabros). También son importantes los restos romanos procedentes de Flavióbriga, Julióbriga y Camesa, así como algunas estructuras medievales.

En 1926, el tesón del padre Carballo y las colecciones del marqués de Comillas originaron los importantes depósitos de esta institución que poco a poco, y a raíz de las continuas excavaciones arqueológicas, han ido aumentando. Por cierto, del padre Carballo cuenta Jesús Pardo lo siguiente:

> *Mi memoria me brinda en sus despacho del Museo de Prehistoria de Santander, del que era fundador y director, dándome dulces y hablándome de los comienzos de la humanidad, y a mí me maravillaba que tal eminencia no sólo me hiciera partícipe de sus ideas, sino hasta de sus frustraciones. Comencé a pasar una o dos horas con él todas las mañanas, y siempre volvía a casa con luces nuevas en la cabeza.*

En el museo contemplaréis materiales rupestres, medievales (cerámicas, estelas, monedas...) y romanos (procedentes de Julióbriga y de Castro Urdiales).

MARÍTIMO DEL CANTÁBRICO: San Martín de Bajamar, s/n. www.cantur.com Cerca del Teatro de Festivales y de la playa de los Peligros; ☎ 942 27 49 62. Edificio proyectado en 1975 por Vicente Roig Corner. El museo fue inaugurado en 1981. Tres plantas y terraza en edificio de 3.300 m² perteneciente a la Diputación Regional de Cantabria; bien montado, funcional, amplio, didáctico.

La idea viene del XIX y surge a raíz de la formación de la llamada Estación Marítimo de Zoología y Botánica Experimentales (1886), fundada por Augusto González Linares (con estatua en el Sardinero). Fue aquélla la primera institución española dedicada a la investigación del mar, germen de la Estación de Biología Marina de Santander (1889) que pasó a formar parte en 1914 del Instituto Español de Oceanografía. Por fin, en 1971, las colecciones se trasladaron al dique de Gamazo, siendo inaugurado el nuevo Museo Marítimo del Cantábrico en 1981...

Recoge, el centro, los fondos provenientes del Museo del Real Astillero de Guarnizo (inaugurado en 1948 y que duraría hasta 1968), Escuela de Náutica de Santander (1790-1980), Centro de Estudios Montañeses (1933-1980), Estación Marítima de Zoología y Botánica Experimentales (1886-1914) y Museo Acuario (1914-1970). El fondo histórico del museo se podría catalogar así:

Sección de biología marina y acuarios (semisótano): ecología marina o los diferentes hábitats marinos (la fauna de las grandes profundidades, como el *pez víbora, pez linterna* o el *Hymtamtolophus groenlandicus* que vive a 4.000 m de profundidad; sardina con dos cabezas capturada en 1913).

Acuarios (al final de la planta): representación del ambiente marino. Fauna y flora de los fondos cantábricos: cangrejos, erizos, lubinas, tortugas marinas, tiburones (trescientos ejemplares de más de cien especies).

Laboratorio oceanográfico: donde se aprecia el instrumental (microscopio, etc) que perteneció a la Estación Biológica Marina que fundara en Santander don Augusto González de Linares.

Fauna marina: los más variados seres marinos. Veréis desde medusas a grandes esqueletos de cetáceos colgados (como el del rorcual franco que mide 24,5 m; cachalote, orca hembra, ballena picuda, delfines...). Esqueletos que acabaron en las costas cántabras (no hay que olvidar la tradición ballenera del norte español).

Etnografía pesquera: vida cotidiana de las comunidades pescadoras (ajuares, indumentaria, cofradías, lenguaje, tradiciones, gastronomía, folclores...). Oficio de pescador: aparejos, carpintería de ribera, sistemas de capturas, conservación del pescado. Maquetas de algunos puertos pesqueros cantábricos (Comillas, Castro Urdiales...).

Historia marítima: construcción naval, cartografía,

maquetas de barcos construidos en los Astilleros Reales de Santander (s. XIV) o en el Real Astillero de Guarnizo (s. XVIII); instituciones marítimas (gremios, consulados...), etc.

Barcos tradicionales: principales embarcaciones cantábricas, como la chalupa, pinaza, trainera, bonitera, etc.

Hace ya algunos años el museo fue objeto de una importante reforma que lo ha modernizado. Actualmente está dotado de grandes y modernos acuarios con más de 3.000 metros cuadrados de exposición.

MUSEO DE PINTURA MODERNA: en Pámanes, Palacio Elsedo, ☎ 942 52 82 73. Joya de la arquitectura civil montañesa. Construcción barroca de 1710 que perteneció al conde de Torre Hermosa. Importante muestra de pintores de la región o relacionados con ella (Cossío, Blanchard, Riancho, Vázquez Díaz).

TRANSPORTES

CITY SIGHTSEEING: se trata del autobús de dos pisos, rojo, ya habitual en todas partes, que hace recorridos por los sitios más turísticos de la ciudad. Tienen 13 paradas. **Recorrido:** plaza Alfonso XIII, Museo Marítimo, península de La Magdalena, El Sardinero, Cabo Mayor, plaza Porticada, Ayuntamiento, plaza Alfonso XIII. Más información: www.city-ss.es/es/santander

TRANSPORTES POR LA AUTONOMÍA: www.transportedecantabria.es

TREN: www.renfe.es Desde Alicante, Ávila, Córdoba, Madrid, Málaga, Palencia, Valladolid. Varios servicios diarios, dos de ellos son trenes rápidos. Renfe información ☎ 902 10 94 20. Trenes y frecuencias www.trenes.com/santander **FEVE:** ☎ 942 20 95 22. Línea de Cantabria y mapa: www.renfe.com/viajeros/feve/mapas/mapa_santander_cabezondelasal.html

AEROPUERTO DE PARAYAS (☎ de información 942 20 21 00) se encuentra a 4 km de Santander por la autovia A8. Operan mayormente dos compañías, **Iberia** (☎ 942 202 156, Inforiberia 902 400 500; www.iberia.es) y **Ryanair** (www.ryanair.com). La primera tiene varios vuelos diarios desde Madrid y desde Barcelona. Iberia también vuela desde Santander a Valen-

cia, Sevilla, Ámsterdam, Alicante, Las Palmas y Málaga (uno o dos vuelos a la semana). En cuanto a Ryanair, vuelan desde Frankfurt, Londres, Madrid, Roma, Dublín y Milán. Pueden alquilar el coche al llegar al aeropuerto donde hay oficinas tanto de Avis como de *Hertz*. Para ir del **aeropuerto a Santander** (a la plaza de las Estaciones, al lado de la terminal de autobuses) hay una línea de autobuses (el primero es a las 6.30 y el último a las 22.40 h).

AUTOBÚS. En la plaza de las Estaciones de Santander se concentran en una piña las estaciones de RENFE, FEVE, la de Autobuses y a unos metros la Marítima de ferries. La de autobuses cuenta con consigna automática y oficina de información. Para cualquier duda lo mejor es llamar al ☎ 942 21 19 95 (les dirán las salidas de los autobuses para ir a los pueblos cántabros y a las capitales españolas; recordad que constantemente los autobuses de Alsa recorren la cornisa cantábrica entre Oviedo e Irún). El teléfono de Alsa-Continental Auto es el 902 42 22 42. www.alsa.es

SERVICIO MUNICIPAL DE TRANSPORTES URBANOS (TUS). El eslogan de la compañía es "Muévete a tus anchas". En las paradas veréis un gráfico con las líneas a colores y las paradas, tanto las **nocturnas** como las diurnas. Los bonobuses se compran en cualquier estanco. Los autobuses funcionan entre las 7.00 y las 10.00 h (en verano las líneas más concurridas amplian el horario). Junto a la terminal de autobuses, repetimos, hay una parada de la que salen autobuses al **aeropuerto**, Liencres, Corbán, etc.

ALOJAMIENTOS

ALOJAMIENTO EN HABITACIÓN DOBLE	
B Barato	hasta 90 €
M Medio	de 90 a 150 €
C Caro	de 150 a 200 €
L Lujo	más de 200 €

B **ALISAS (H**):** Nicolás Salmerón, 3; ☎ 900 351 017. www.farandahoteles.com Emplazado a poco de la iglesia de San Miguel y de la plaza de las Estaciones. Ocupa las dos primeras plantas (70 habitaciones) de un edificio de viviendas. Interiores o exteriores remodelados en 1995. Precios más reducidos los fines de semana. Restaurante.

B **ANGELINES (P*):** Calle Rodríguez, 9; 1º D; ☎ 942 31 25 84. www.pensionangelines.com Al lado de la plaza de las Estaciones. Reformado. Habitaciones muy limpias con televisión, suelos de madera, camas cómodas, sin baño, pero con varios baños cerca y todos muy limpios. Son muy amables y los precios sumamente económicos.

B **BEDOYA (HR*):** Federico Vial, 8; ☎ 942 22 16 66. www.hotelsanglorio.com Cerca de la plaza de las Estaciones. Treinta habitaciones amplias, muy limpias y en perfecto estado. Reformado. En temporada baja, barato.

B **CABO MAYOR (P**):** Cádiz, 1-2º dcha; ☎ 942 21 11 81. www.hcabomayor.com A unos metros de la estación de tren. Siete habitaciones con baño y televisión. Una de las mejores relación calidad-precio de la ciudad. El problema es que casi siempre suele estar llena. De modo que es mejor llamar antes o llamar con tiempo.

B **CARLOS III (HsR**):** avenida Reina Victoria, 135-137; ☎ 942 27 16 16. Escondido hotelito o palacete construido por el arquitecto regionalista Lavin del Noval (1893-1975). Emplazado a unos pasos de la primera playa de El Sardinero. Alfombrada escalera de madera. Habitaciones (16 dobles, 4 individuales) con baño completo, teléfono, TV y calefacción. Aparcamiento en la entrada.

B **CISNEROS (HsR**):** Cisneros, 18; ☎ 942 21 16 13. www.hostalcisneros.es Hostalito con habitaciones sencillas, reformadas en 2008. Cuartos con televisión y amplio baño. Muy buena la relación calidad-precio.

B **EL CARMEN (Hs**):** San Fernando, 48; ☎ 942 23 01 90. www.hostaldelcarmen.com Cuartos sencillos y muy limpio; con baño y televisión. Una de las mejores relaciones calidad-precio.

B **LA MEXICANA (Hs**):** Juan Herrera, 3; ☎ 942 22 23 50. www.hostallamexicana.com En pleno centro. Actualmente se encuentra regentado por las sobrinas de los fundadores, Eufemia Rodríguez y Caridad Gómez, que ofrecen desde hace años un trato amable. Cuartos sencillos y agradables, todos con baño. Reformado en 2003.

B **LAS BRISAS (H*):** Braña, 14; ☎ 942 27 50 11. www.hotelesensantander.com Una villa con galerías en la que destaca un torreón edificado hace casi un siglo. Bonito y señorial chalé convertido en hotel hace poco. Sobresale entre construcciones menores, a unos metros de la playa de El Sardinero. Trece habitaciones acogedoras con suelo de madera, baño, TV, teléfono, terraza y vistas marineras. Interior decorado con algunos viejos muebles restaurados y escalera de madera. Desayuno en la terraza (con vistas al mar).

B **LIÉBANA (HsR**):** Nicolás Salmerón, 9; ☎ 942 22 32 50. www.hliebana.arrakis.es Cerca de la plaza de las Estaciones. Cuartos sencillos y con ducha y tele. Algunas habitaciones han sido recientemente reformadas.

B **MATALEÑAS (H**):** Bellavista, 145, ☎ 942 39 03 48. www.hotelmatalenas.com Veintiséis amplias habitaciones (24 de ellas dobles) con baño, televisión y teléfono; calefacción. Algunas con vistas marinas. Seis plazas de garaje; bien es verdad que la zona es de fácil aparcamiento.

B **PICOS DE EUROPA (H**):** Arco Iris, 3 (Travesía de Vargas); ☎ 942 37 10 15. www.grupopicosdeeuropa.com Veintidós habitaciones con baño, televisión. Decoración sencilla.

B **ROCAMAR (HsR**):** avda. de los Castros, a 500 m de El Sardinero; ☎ 942 27 72 68. www.hostalrocamar.com Completamente reformado en 2010. Quince habitaciones modernas, con baño, televisión, calefacción y wifi.

B **SAN GLORIO (Hs**):** Ruiz Zorrilla, 18; ☎ 942 31 29 62. www.hotelsanglorio.com Habitaciones con baño, hilo musical, televisión.

M **VINCCI PUERTO CHICO (H****):** Castelar, 25; ☎ 942 22 52 00. www.vinccihoteles.com Moderno, emplazado en un edificio construido en 1998, frente a la bahía y cerca del Palacio de Festivales: con instalaciones cuidadas al detalle. Cincuenta y cinco habitaciones amplias con moqueta roja, cristaleras (espectacular panorámica marina). Dispone de instalaciones de talasoterapia (tratamientos con aguas, algas y lodos marinos, combinados con masajes y baños). Excelente bufé a la hora de desayunar. **Restaurante** mirador en la última planta (cocina de mercado; a la carta). En ocasiones los precios, según las fechas, pueden bajar a la categoría de medio.

M **CENTRAL (H***):** General Mola, 5. A unos pasos de la plaza Porticada; ☎ 942 22 24 00 www.elcentral.com Hotel azul con encanto y lleno de detalles (vetustas maletas decoran

su escenográfica recepción). Se trata de un edificio de principios del siglo XX, el hotel Ignacia, restaurado y vuelto a diseñar con gran acierto: antes de devolverlo intacto a la bella época, se ha conjugado, con imaginación, la modernidad con los ornamentos finiseculares. Habitaciones amplias, cómodas que alcanzan las buhardillas y la terraza (con hamacas y vistas al mar). Bar, cafetería y restaurante (especialidades cántabras, caro). Adaptado para personas en silla de ruedas.

Ⓜ **LE PETIT BOUTIQUE HOTEL:** avenida de los Castros, 10. ☎ 671 89 27 76. www.lepetithotelsantander.com Muy cerca de la playa de El Sardinero, a unos 150 m. Se trata de un hotelito con mucho encanto con siete habitaciones muy modernas que se inspiran en distintas ciudades del mundo, cuentan con aire acondicionado, wifi, televisión, caja fuerte. Además, disponen de una suite, en la planta de arriba, que lleva el nombre de París, abuhardillada, con cama de matrimonio, sofá y saloncito. Una estupenda opción es la doble "Nueva York" con vistas al mar. Estupendo desayuno-bufé. Todo muy cuidado.

Ⓜ **CHIQUI (H***):** avenida García Lago, 9; ☎ 942 28 27 00 www.hotelchiqui.com *Mirador del Cantábrico* o balcón sobre el extenso arenal de El Sardinero. Alargado, moderno y blanco edificio de tres cuerpos, a unos 300 m del campo de golf, con 4 pisos, tejado abuhardillado. Ciento sesenta y una habitaciones (4 junior-suites, 141 dobles, 16 individuales). Habitaciones confortables y modernas, con un pequeña salita y modernas litografías en las paredes. Estupendo equipamiento: baño (secador), TV, teléfono. Servicio de habitaciones de 7:30 h a 0:00. Cafetería, terraza bar, garaje, aparcamiento, sala de fiestas, salones para convenciones (capacidad para 1.000 congresistas). Sirven platos combinados en la amplia cafetería. Adaptado para clientes minusválidos. Magnífico restaurante a cargo del chef Luis Cordero (cocina tradicional con toques de autor comedidos, sin exagerar). Junto al edificio, monumento al guerrero cántabro.

Ⓜ **DON CARLOS (H***):** Santo Mauro, 20; ☎ 942 28 00 66. www.hotelapartamentosdoncarlos.com Treinta apartamentos de unos 50 metros cuadrados; cocina bien equipada. Los hay de uno, dos o tres dormitorios. Algunos de ellos con vistas al mar.

Ⓜ **ABBA SANTANDER (H***):** Calderón de la Barca, 3; ☎ 942 21 24 50. www.abbasantanderhotel.com A unos pasos de las estaciones de tren y de autobús. Hotel limpio, elegante y con aires modernistas que se redecoró, muy moderno, en 1997 y cuya fachada fue restaurada en el año 2000. Pasillos que son un museo pictórico. Habitaciones (25 dobles y 3 individuales) con baño (secador), teléfono, TV. Acoge un prestigioso restaurante, La Solana. Se trata de una estancia agradable con vidrieras, estilizadas columnas con fustes de espejo,

bandejas de cobre (uno de los espacios más modernistas de la ciudad). Aparcamiento. Sumamente atentos en la recepción.

M NH CIUDAD DE SANTANDER (H*):** Menéndez Pelayo, 13-15; ☎ 942 22 79 65. www.nh-hoteles.es Edificio moderno, céntrico (cerca de Sardinero o del paseo de Pereda) remodelado en 1995. Sesenta y dos habitaciones (dos de ellas son junior-suite) climatizadas con cuarto de baño, minibar, salón y terraza en alguna de ellas. Servicio de habitaciones de 8.00 h a 0.00 h. Amplios salones. Cafetería y aparcamiento. En el restaurante del hotel, *Airén,* ofrecen cocina de mercado.

M PIÑAMAR (H*):** Ruiz de Alda, 15; ☎ 942 36 18 66. www.hotel-pinamar.com Abierto en 1990 y reformado en 1997, se encuentra próximo al Barrio Pesquero y a las estaciones (del ferry). Ocupa los bajos y la primera planta de un grandioso edificio de 8 pisos y su decoración es moderna. Habitaciones (30 dobles, 4 individuales) climatizadas y provistas de baño (secador), teléfono, TV, caja fuerte. Cafetería con terraza y restaurante.

M SANTEMAR (H**):** Joaquín Costa, 28; ☎ 942 27 29 00 ó 27 70 50. www.santemarhotelsantander.com A unos metros de El Sardinero. Maciza e imponente construcción de 9 plantas (6 suites, 241 dobles, 95 triples, 8 individuales). Lujoso recinto con modernos rasgos, instalaciones confortables y habitaciones exteriores completas con baño (secador), TV y caja fuerte. Servicio de habitaciones las 24 h. Un total de 7 salones de convenciones con capacidad para 600 personas. Galería comercial, gimnasio, peluquería, puesto de prensa, pista de tenis. Garaje. Restaurante *El Rincón de Mariano* (cocina de mercado e internacional).

C BAHÍA (H**):** avenida Alfonso XIII, 6; ☎ 942 20 50 00 www.gruposardinero.com A unos metros de los jardines de Pereda y de la estación de ferry. Hotel que renace de sus cenizas o edificio de reciente construcción (1999) desde el que, como su nombre indica, se domina la bahía. Ciento ochenta y ocho habitaciones (21 suites) amplias, con aire acondicionado, TV satélite, minibar, secador de pelo; mucha luz natural. Salón social, bufé del desayuno, cafetería, pub, garaje privado. Elegante **restaurante** de calidad. Garaje, acceso para minusválidos.

C GRAN HOTEL VICTORIA (H**):** María Luisa Pelayo, 38; ☎ 942 29 11 00. www.granhotelvictoria.com En la playa segunda de El Sardinero. Los antiguos apartamentos Rhin han sido primorosamente remodelados y modernizados e inaugurados en 2004. Setenta habitaciones, con wifi.

C HOTEL REAL (H***):** Paseo Pérez Galdós, 28; ☎ 942 27 25 50 www.hotelreal.es Ciento veintitrés habitaciones (entre ellas 9 suites) pertenecientes a la cadena Husa. Símbolo de Santander, erguido so-

bre la bahía y emplazado en calle muy cuidada. A unos 200 m de las playas que bordean La Magdalena y muy cerca de El Sardinero. La historia de este hotel se remonta casi 80 años. Señoriales estancias, lujosas suites (una de ellas, la llamada Real, la ocupaba en otro tiempo, antes de la reforma, el servicio). Habitaciones con baño completo (muy amplio y con secador), TV, minibar, caja de seguridad. Inmejorables vistas de la bahía y de la ciudad. Servicio de habitaciones 24 h. Terraza, al borde de la balaustrada, con panorámica. Garaje (50 plazas). Acceso para clientes minusválidos. Moderno centro de talasoterapia. Cuenta con un buen restaurante, *El Puntal,* a través de sus grandes ventanales se distinguen la terraza y las montañas de la bahía de Santander; panorámica de El Puntal (de ahí el nombre) y de Somo; carta de cocina internacional en la que no faltan las especialidades cántabras (bodega con 230 referencias).

HOYUELA (H**):** avda. de los Hoteles, 7; ☎ 942 28 26 28 www.gruposardinero.com Uno de los más lujosos de la ciudad, abrió en 1995 con una perfecta adaptación al entorno (frente al Casino, junto al Sardinero) y una vistosa cúpula de cristal. Sus 55 dobles (las hay con cama de matrimonio) están decoradas en colores cálidos y mobiliario clásico. Tienen baño (secador), teléfono, TV vía satélite, minibar y caja fuerte. Servicio de habitaciones hasta las 23.00 h. Completa sus instalaciones con una planta entera dedicada a salones de convenciones cuya capacidad llega al medio centenar de personas. Además cafetería, restaurante (cocina de mercado, caro), pub y un salón social. Garaje. Instalaciones adaptadas para clientes en silla de ruedas. Magnífico restaurante (comedor elegante, cocina tradicional cántabra modernizada de la mano del chef Miguel Martínez).

PALACIO DEL MAR (H**):** La Pereda, 5; ☎ 942 39 24 00. www.hotel-palaciodelmar.com Inaugurado en 1995 y renovado en 1999, por su moderna, atrevida en algunos casos, decoración tanto en las habitaciones como en el resto de las dependencias. Cuenta con 20 habitaciones dobles, 40 suites júnior, 6 suites senior y 1 suite imperial. Todas las habitaciones son modernas, de tonos cálidos, amplias (mucha luz natural), están climatizadas y disponen de una sala, dos televisores, teléfono, baño completo (secador), minibar y terraza. Hidromasaje en alguunas. Servicio de habi-

taciones 24 h. Acoge el restaurante «Neptuno» especializado en cocina cántabra e internacional (vivero de mariscos a la vista). Amplios salones modulares, piano-bar, cafetería y pub. Garaje y aparcamiento. Buen acceso para personas en silla de ruedas. Tarifas especiales los fines de semana.

SILKEN COLISEUM (H**):** plaza de los Remedios (en el centro de la ciudad, la fachada del hotel se aprecia a las claras desde las calles y callejas adyacentes), ☎ 942 31 80 81. www.hotel-silken.com Inaugurado en 2003. Noventa y dos habitaciones, amplias, amuebladas con especial atención para conseguir un ambiente elegante y confortable: aire acondicionado, calefacción, baños completos, minibar, etc. Desayuno bufé. La zona de la recepción está decorado con cuadros alusivos al cine y sus actores más fetiches (desde Woody Allen a los hermanos Marx). Restaurante de calidad, **La Platea** (menú degustación 40 euros). Cafetería lógicamente de diseño.

SILKEN RÍO: avda. Reina Victoria, 153; ☎ 942 27 43 00. www.hoteles-silken.com/hotel-rio-santander Establecimiento totalmente reformado que se asoma a las espléndidas vistas de las playas de El Sardinero y del mar Cantábrico. Se encuentra junto al Gran Casino. Alberga tras su noble fachada unas modernas instalaciones, en total ochenta y nueve habitaciones equipadas con todas las comodidades (wifi). Tiene un especial encanto la denominada "habitación sky", en la cúpula del hotel, se trata de un pequeño dúplex.

VINCCI PUERTO CHICO (H**):** Castelar, 25; ☎ 942 22 52 00. www.vinccihoteles.com Moderno, emplazado en un edificio construido en 1998, frente a la bahía y cerca del Palacio de Festivales: con instalaciones cuidadas al detalle. Cincuenta y cinco habitaciones amplias con moqueta roja, cristaleras (espectacular panorámica marina). Dispone de instalaciones de talasoterapia (tratamientos con aguas, algas y lodos marinos, combinados con masajes y baños). Excelente bufé a la hora de desayunar. **Restaurante** mirador en la última planta (cocina de mercado; a la carta). En ocasiones los precios, según las fechas, pueden bajar a la categoría de medio.

RESTAURANTES

RESTAURANTES COMIDA MEDIA A LA CARTA	
B Barato	hasta 30 €
M Medio	de 30 a 50 €
C Caro	de 50 a 75 €
L Lujo	más de 75 €

B **BODEGA ANTONIO:** Rubio, 2; ☎ 942 23 11 15. Decorado con grandes sombreros mejicanos. Preparan comida mejicana, pero hay que encargarla. *Revuelto de la casa, merluza fresca del Cantábrico.* Buenas tapas: callos, morros con tomate, codillos... y barriles empotrados en la pared. Fijaos en el mapa que representa los *Caminos de México.*

B **BRASAS:** Peña Herbosa, 3; ☎ 942 36 12 84. Cocina casera de toda la vida bien elaborada: callos, anchoas, chuletillas de cordero; picoteo. Muy buena la relación calidad-precio.

B **CANTABRIA:** Río de la Pila, 10; ☎ 942 22 10 74. Cerrado los lunes. Taberna de cuyos altos cuelgan más de trescientos jamones. Surtido de embutidos. Cocina casera pero de la mejor: empanada gallega, cocido montañés, cocido lebaniego, molleja fresca de lechazo, leche frita casera con miel. Buen sitio para tapear (empanadas, queso, jamón de primera, embutidos seleccionados). Menú barato.

B **CASA JOSÉ:** plaza Cabildos (Barrio Pesquero); ☎ 942 13 53 81. Casa de lo más apropiada para el tapeo. Pescados y mariscos: lubina, lenguado, rodaballo, cigalas, nécoras. Chuletas, chuletillas, solomillo.

B **CASA MARIANO:** Vargas, 23; ☎ 942 23 00 24. Cocina casera bien elaborada. Tiene terraza cubierta para comer en la alameda (que se encuentra enfrente). El menú diario es excelente. Mucho bullicio en la barra a la hora punta del chateo, pues las mesas están separadas de ella por un estrecho pasillo.

B **MARISQUERÍA CASA SILVIO:** Tetuán, 23; ☎ 942 21 90 51. Barra en la entrada y comedor al fondo. Los fines de semana es mejor reservar de no ser así esperaréis bastante. Tienen vivero de marisco y pescado fresco. Dos especialidades de la casa

son las *cigalas fritas* y las *nécoras a la plancha.* Los platos muy bien cocinados. Muy buena la relación calidad-precio.

(B) **DÍAS DESUR:** Hernán Cortés, 47; ☎ 942 36 20 50. Local amplio y muy moderno dirigido por Carlos Zamora, con mucha experiencia en el sector. Carta de cocina internacional variada y de calidad: tortillita de camarones crujientes, *carpaccio de atún,* pollo marinado con guacamole. Magnífica bodega. Organizan unas interesantes jornadas gastronómicas. Ofrecen más de 50 **pinchos** y tapas, y unas treinta marcas de vinos para acompañarlos. Algunos noches, jazz en directo.

(B) **JAVI QUINTANILLA:** Bonifaz, 9; ☎ 942 22 51 76. Cocina casera variada. Cocido montañés, cocido lebaniego, cebollas rellenas de bonito, lengua de ternera rebozada.

(B) **LA NUEVA GAVIOTA:** Marqués de la Ensenada, 42; ☎ 942 22 11 32. Bajos convertidos en un laberinto de cristal con adjunto y popular bar (que da al otro lado). Se come y se ve el ambiente, la cocina, al dueño (el Sr. del puro que sigue en la brecha). Todo muy familiar, incluido el servicio. El menú (sopa de pescado o paella de marisco, chipirones encebollados, botella de vino, postre). Amplio espacio y grandes cristaleras. Paella, gambas, *pulpo a la gallega,* mero, *bacalao a la vizcaína,* rabas, *almejas con gambas a la marinera, besugo a la espalda, chipirones encebollados, mariscada especial, chuletón a la piedra,* etcétera. Por cierto, atiende, y muy bien, José María (Jayo).

(B) **LOS PEÑUCAS:** Marqués de la Ensenada; ☎ 942 22 94 45. Con las brasas fuera y sigue el mismo modelo que *La Gaviota* (con *paella marinera* en la puerta, etcétera). Buen marisco. Si es temporada, decídanse por una *marmita de bonito.*

(B) **PEÑACANDIL:** plaza del Progreso (al lado de la calle Carlos III); ☎ 942 31 30 25. Local pequeñito y marinero emplazado junto a una plaza que no parece una plaza y junto a la parroquia de San Miguel. *Crema barquereña, cogotes de merluza.* Buenas chuletas de vacuno y escalopes, uno de los plaos es el *lomo a lo antiguo.* Vinos: Viña Tondonia, Marqués del Puerto. Menú de calidad pues puede consistir en una *marmita de bogavante* y de segundo *entrecot de vacuno.*

(M) **ASADOR ARANDA:** Tetuán, 15; ☎ 942 21 48 23 ó 942 21 41 17. Decoración neomedieval y comedor con 150 plazas. La cocina típica de Aranda de Duero: *pimientos asados, mollejas, morcilla, cordero.* El plato de la casa, lógicamente, es el *lechazo asado al horno de leña*

típico de estos establecimientos. Bodega bien provista de tintos.

ASUBIO: Daoiz y Velarde, 2; ☎ 942 03 52 38. Antes se llamaba De Bellota. Es el restaurante de un reputado chef, Nacho Basurto. Barra ilustrada bien provista de pinchos. Comedor sencillo y agradable. Por ejemplo preparan unos estupendos callos; carnes muy seleccionadas. En definitica, cocina casera de toda la vida pero con ese toque especial, casi único, que le da Nacho. Las raciones son abundantes. Ofrecen un menú realmente económico con una estupenda relación calidad-precio.

CAÑADÍO: Gómez de Oreña, 15; ☎ 942 31 41 49. www.restaurantecanadio.com Acogedor local, muy moderno, contemporáneo, con aire acondicionado, mesas bien distribuidas (cuarenta y cinco plazas) y barra para el tapeo. Verdura y pescado fresco a un tiro de piedra de la plaza de Cañadío y excelente, aunque angosto lugar, para el chiqueteo. En los fogones, un cocinero con mucha experiencia y sabiduría, Paco Quirós. Entre los platos: *sopas frías* (muy ricas), *revuelto de patatas panaderas con jamón y aceite de pimientos rojos, guiso de morro y pata de ternera, chuletón de buey a la sal gorda, solomillo «buena mujer», rabo de buey estofado con guarnición, pencas de acelgas rellenas que se sirven con almejas y gambas, pimientos de piquillo rellenos de bacalao, delicias de merluza al cava, dorada al horno, sargo a la plancha con refrito, ventresca de bonito con patatas marineras.* Postres caseros (incluso los helados): *tartas, arroz con leche, leche frita.* El menú es asequible. Acceso para minusválidos. En los últimos años la carta que sigue teniendo una base cántabra incluye platos con toques creativos y toques innovadores, o sea es más actual. Tienen una sucursal en Madrid, en la calle Conde de Peñalver, 86.

CASA ALBO: Peña Herbosa, 15 (esquina calle Gándara); ☎ 942 21 30 57. El restaurante, con cuarenta años a sus espaldas, se compone de dos comedores, uno en la planta baja para 35 comensales. Otro arriba con capacidad para 25 almas. Ambiente agradable gracias al aire acondicionado, mesas con manteles de tela, alargado espacio, taberna con sabor y cocina casera de la preferible. La especialidad de la casa es su afamada paella del cantábrico (compuesta solamente de pescado y marisco). De igual forma

no dejen de lado las delicias de pescado o, por poner otro caso, el cocido montañés. En temporada de caza preparan platos que tienen como ingrediente la perdiz, el faisán, venado, jabalí. En la bodega, variedad de Rioja y Ribera del Duero, amén de otros crianzas, reservas y grandes reservas. Trato familiar a cargo de don José.

Ⓜ **EL MOLINUCO PULPERÍA:** San Pedro del Mar, 94 (Monte); ☎ 633 50 40 71. Una especie de agradable chalecito a las afueras de Santander. Cuenta con dos modernos comedores. *Setas salteadas, revueltos de bacalao y pimientos, arroz con bacalao, chuletón a la piedra, mollejas de lechazo.*

Ⓜ **EL VIVERO:** Barrio Pesquero; ☎ 942 22 30 21. Con toldos y cristaleras. Cuidada decoración con motivos relativos a los pescadores y al mar: guisos marineros, parrilladas de pescado y de marisco. Amplia carta de pescado.

Ⓜ **GELE:** Eduardo Benot, 4; ☎ 942 22 10 21. Mesón con un comedor amplio y acogedor, y fogones en los que se prepara una excelente cocina tradicional y marinera: *pastel de puerros y gambas, medallones de rape en tinta de cachón, medallones de solomillo con foie.*

Ⓜ **LA VINOTECA:** Vargas 33-35, ☎ 942 07 57 41. Comedor elegante. Cocina casera modernizada estupendamente elaborada. Solomillo, lubina a la sal. Bodega con muchas referencias.

Ⓜ **LA CASONA:** Cuesta, 6 (frente al Ayuntamiento); ☎ 942 21 26 88. Fundado el 15 de agosto de 1945. Antes estaba decorado con un buen número de obras de arte, sobre todo de pintores montañeses y firmas de reconocido prestigio: Benjamín Palencia, Quirós, Calderón. Todo eso ya no está pero el restaurante sigue estando muy bien, cocina cántabra, tienen un menú económico y un estupendo tapeo; de hecho, aquí preparan las mejores **rabas** de la Santander.

Ⓜ **LA CONVENIENTE:** Gómez Oreña, 9; ☎ 942 21 28 87. Situado en lugar privilegiado, ocupa la planta baja de uno de los edificios más antiguos de la ciudad de Santander (data de 1789). Pilares y paredes de piedra, amplias vigas de maderas nobles, suelo con amplias losas también de piedra, grandes tinajas donde se almacena el vino. Altos techos y galería, abierta cuando se restauró el edificio, donde se ha montado un almacén de vinos y se ha colocado un piano. La barra, con antiguas estanterías y pequeño comedor de mesas de mármol, da paso al comedor propiamente dicho: grandes mesas y bancos de madera. Fritos variados (besamel artesanal), patés, embutidos, tablas de quesos, ventresca y anchoas del Cantábrico, ensalada de pimientos del piquillo, etcétera. Bodega fundada en 1901: guarda vinos finos de Rioja, Ribera del

Duero, Cigales, blancos de la Nava. Amplia carta de crianzas y reservas.

Ⓜ **LA CHULILLA:** avda. Sotileza, 36; ☎ 942 31 36 55. Es un buen sitio para tomar tapas de pescado y desde luego para disfrutar de una mariscada que lleve abacanto, gambas, langostinos, cigalas y zamburiñas plancha y centollo cocido. Calidad y muy buena la relación calidad-precio.

Ⓜ **LA TABERNA DE PACO:** en la calle Fernández Isla, ☎ 942 22 10 13. Taberna a la antigua usanza en la que Paco, el propietario prepara unos extraordinarios arroces: como la paella de marisco o el arroz con bogavante. Vale la pena pedir un pescado al horno o un chuletón. Los callos son otro plato de primera. Muy buena la relación calidad-precio.

Ⓜ **LA TUCHO:** en el barrio de Corbán, 12; ☎ 942 33 61 77. Edificio y comedor rústico. Cocina tradicional e infinidad de raciones abundantes bien elaboradas. Recomendamos las rabes y sobre todo la merluza rebozada. Cuenta con aparcamiento.

Ⓜ **EL MARUCHO:** Tetuán, 21; ☎ 942 27 30 07. Comedor sencillo en la zona de Puertochico, con pocas mesas, eso sí de mármol, tanto en la parte baja como en la alta, en el mismo llama la atención las fotografías de gente que ha pasado por el restaurante. En definitiva, mariscos y pescado fresco en una taberna popular: lubina, centollo, nécoras, bogavante, cigalas, almejas, rodaballo, navajas, caracolillos, percebes, cabracho, etc. Los postres son todos caseros (tarta de Santiago, tarta de queso). Es también un sitio estupendo sitio para tomar tapas, por ejemplo unas *rabas de calamar en su punto,* o *unas almejas a la marinera.* Muy buena la relación calidad-precio. Y una cosa más, no se puede reservar hay que ir y si se tiene suerte se pilla mesa. Trato familiar.

Ⓜ **QUERIDA MARGARITA:** Andrés del Río, 7; ☎ 630 34 17 43. De la misma propiedad que El Serbal por lo que la calidad está asegurada, eso sí es más barato porque tienen un menú único basado en la cocina de toda la vida, la tradicional. Cada día el menú varía.

Ⓒ **BALENARIO DE LA CONCHA:** avenida Reina Victoria, 46; ☎ 942 29 09 19. Comedor muy moderno, puro diseño, con estupendas vistas de la playa. La carta se divide en tostas, sartenadas, de la huerta, cazuelitas, tablas y platos: *tomate y ventresca con salsa y alcaparras, huevos fritos con gulas y langostinos, croquetas caseras de bacalao, chipirones en su tinta con sus langostinos y su arroz, tarta casera de queso con frambuesa y virutas de quesocurado.* Bodega con bastantes

referencias de calidad, centrada sobre todo en Riojas y Riberas de Duero, aunque también tienen vinos de Rueda o por ejemplo vinos de bodega nuevas que se están consolidando en el mercado. Entre las marcas: Viña Mayor Reserva, Monasterio de San Miguel, Riscal 1860, Marqués de Tena, etcétera. Por la noche es un buen sitio para tomar unas **copas.**

BALNEARIO LA MAGDALENA: La Horadada, s/n; ☎ 942 03 21 08. En la mera playa. De piedra, con una gran terraza hincada en el arenal de la Magdalena. Comedor elegante, se come mirando a los bañistas. Pescados y mariscos. Carta con platos tradicionales y otros con los toques de autor, o propios, de Juan Manuel España: *cocido montañés, tomate relleno de beletus-edulis, lomos de merluza con batidos de queo y envuelta en lechuga marina, solomillo de pato sobre salteado de hongos con jugo trufado.*

BAR DEL PUERTO: Hernán Cortés, 63; ☎ 942 21 30 01. Cierran los domingos por la tarde y los lunes. www.bardelpuerto.com Taberna, fundada en 1939, a la que iban los hombres de la mar a cocinar los más diversos y *recién pescados* guisos marineros. Comedor principal en la primera planta, con ventanales que miran a la bahía, a Puertochico: suelo de madera, cierta elegancia sin estridencias, cuadros marineros, fijaos en la magnífica maqueta de un velero. En la planta baja, amplia barra muy frecuentada a la hora del tapeo. Mariscos seleccionados. *Salpicón de cigalas, lenguado, salmonetes fritos, rabas estofados, rape, anchoas, gambas a la gabardina, maganos de guadañeta encebollados, salpicón de langosta, marmita de bonito, mero al horno con patatas panadera, arroz con bogavante, rabo estofado, callos a la madrileña, osobuco de cordero lechal, albóndigas de San Martín.* Platos de temporada; mariscos de primera calidad. La bodega se encuentra en el sótano (con la temperatura controlada). Vinos: Riojas, Ribera del Duero, Penedés, Albariños, Burdeos, Rhin.

BODEGA LA CIGALEÑA (Museo del Vino): Daoiz y Velarde, 19; ☎ 942 21 30 62. Situada al lado de la plaza de Cañadío y de la iglesia de Santa Lucía. Botellas de antaño y hogaño en interminable muestrario; embutidas en vitrinas, paredes y hasta de la techumbre cuelgan los añejos alcoholes. Vidrieras con escenas de cocina, vendimia y caza. Interior con aire acondicionado y decorado con miles de botellas diferentes, en forma de interminable muestrario-museo.

Las tapas atraen sobremanera al público, aunque no sobra el espacio: *barra variada* de pinchos y raciones (ofertas de vinos del día; tienen fama las anchoas). Cocina tradicional y platos de temporada *lechazo lechal, entrecote al queso, mollejas salteadas, revuelto de la casa, besugo al ajillo, dorada a la plancha, salpicón de Santoña* o por una *merluza a la Cigaleña.* Entre los postres: *tarta de queso, tarta de pera, trufas* y *profiteroles.* La carta de vinos contiene caldos de sesenta bodegas (el sumiller, Andrés Conde, es uno de los mejores del país). Menú no demasiado caro. El lema de la casa: *come buena carne y bebe vino añejo y te relucirá el pellejo.* Aparcamiento.

BODEGA EL RIOJANO: Río de la Pila, 5; ☎ 942 21 67 50. Salvo en verano, cierran los domingos por la noche y lunes. Fundado en 1941 y antaño lugar de encuentro y tertulias de los intelectuales. Lo más característico de su decoración son los toneles que forma el llamado *museo redondo*, auténticas obras de arte pintadas por algunos de los mejores artistas montañeses contemporáneos. El asunto comenzó así: Víctor Merino invitaba a comer a los pintores que iban a los cursos que daba en la Universidad Menéndez Pelayo el gran crítico de arte Camón Aznar, a cambio éstos le pintaran algún barril; no hace falta añadir que Víctor Merino era más listo que le hambre. Al grano: picoteo basado, sobre todo, en la cocina riojana y cántabra. Algunas especialidades: *guiso de rabo de buey, escabechados tradicionales, bacalao con tomate, chipirones en su tinta, rabo de buey, asadurilla de lechazo, callos a la riojana, guiso de ternera a la riojana.* No faltan las ensaladas variadas ni, por ejemplo, la quesada pasiega. *Pimientos del piquillo rellenos de carne, bacalao con salsa de tomate y pimientos, leche frita con helado de mantecado.* Bodega surtida. Acceso para minusválidos. Menú M. Buena relación calidad-precio.

CHIQUI: avda. García Lago, 9; ☎ 942 28 27 00. www.hotel-chiqui.com Uno de los restaurantes con más firme trayectoria de la ciudad. Comedor elegante. Cocina cantabra y en la carta hay también alguna incursión en la nueva cocina: *merluza con almejas, ensalada de bogavante, dorada al estilo de la casa, carrillera de novilla con puré de patatas y verduras, pimientos rellenos de marisco, arroz con leche.* Bodega con vinos de calidad. Servicio atento en todo momento.

DELUZ: Ramón y Cajal, 18, ☎ 942 29 06 06. Es uno de los restaurantes más bonitos que pueden verse en el norte español. Se trata de una casa de los cincuenta llena de glamour. Cocina variada, destaca la frescura de sus pescados y la buena preparación de los mismos como los platos a base de merluza. Ternera ecológica, pato de granja... ingredientes muy bien seleccionados. Bodega selecta.

EL PUNTAL: Paseo Pérez Galdós, 28; ☎ 942 27 25 50. www.hotelreal.es Restaurante del Hotel Real. A través de sus grandes ventanales se distinguen la terraza y las montañas de la bahía de Santander. Panorámica de El Puntal (de ahí el nombre) y de Somo. Decoración cálida y cuidada, incluye algunos muebles y piezas de plata de la época en que fue construido el hotel; cuadros de Marnay, etc. En los fogones, el chef Felipe Jiménez Tolsada ofrece una carta de cocina internacional en la que no faltan las especialidades cántabras, todo estupendamente presentado. Bodega con 250 referencias.

EL MACHI: Calderón de la Barca, 9; ☎ 942 21 87 22. Comedor amplio, moderno y sencillo. En la carta predominan los platos marineros elaborados con el pescado fresco que llega al mercado de La Esperanza. Cocina del mar bien elaborada, sin estridencias: tapas de primera (desde rabas hasta unos riquísimos mejillones al vapor). A la hora del plato fuerte, lo mejor es decidirse por el pescado fresco del día o por alguna de sus carnes de calidad. Fijaos en su barra de pinchos o ilustrada, como se dice ahora, y en su original pizarra. Muy céntrico.

EL SERBAL: Andrés del Río, 7; ☎ 942 22 25 15. Cierran los domingos por la noche, menos en verano. www.elserbal.com Se ha convertido en uno de los mejores restaurantes de la región gracias a la magnífica labor culinaria del tándem Rafael Prieto en el comedor y Fernando Sainz de la Maza en la cocina. Este Fernando Sainz es natural de Solórzano y se formó en la Escuela de Hostelería de Santander. Comedor muy moderno, elegante, purito diseño. Gastronomía imaginativa, carta que varía a menudo (según la temporada) y de gran calidad. Por ejemplo, *raya asada al horno en pil-pil de hongos, pollo tomatero con santiaguiños y setas al curry, risotto de chipirones del cantábrico y verduras de la huerta, lomos de chicharro sin espinas, lubina con escalibada y jugo de hongos, canetón de bress al jugo de trufa.* La bodega además de ser

muy completa se puede visitar. Escogida carta de puros. Tienen menú degustación.

FAUSTO: Fernández de la Isla, 15; ☎ 942 23 66 90. www.restaurantefausto.es Lo que fue una sala de conciertos se ha convertido en un restaurante de diseño, ultramoderno. Cocina creativa basada en los productos frescos del mercado. Una de las novedades de la siempre novedosa Santander.

GOLF MATALEÑAS: en la avenida del Faro, ☎ 942 20 30 75. En el campo de golf del mismo nombre, y mesas con vistas al mismo. Jorge Echevarría practica una cocina tradicional con su toque personal pero sobre todo con toques mediterráneos.

LA BOMBI: Casimiro Sáinz, 15 (en Puertochico); ☎ 942 21 30 28. Los de *La Bombi* deriva de aquel antiguo mesón que fue *La Bombilla.* El establecimiento data de 1936, aunque fue reformado hace ya algunos años: viene a ser un local moderno con alargadas paredes de piedra vista y suelo de madera; fijaos en las fotos de los personajes que por aquí han pasado. Es uno de los restaurantes más frecuentados y bulliciosos de Santander y en el que tiene mucho que decir su propietario, el famoso Boni. Cocina casera de calidad y marinera, sin complicaciones, con materias primas frescas y bien escogidas (salmonetes, lenguados, jargos, meros, cigalas, merluzas, etc); sin duda, platos para disfrutar del buen yantar. En la mesa: *almejas a la sartén, anchoas caseras, besugo al horno* (muy recomendable), *merluza al horno, rabas de calamar fresco, mollejas de lechazo.* Carnes rojas seleccionadas. Platos con ingredientes de temporada (salmón, anguila). Repostería casera. Disponen de barco propio con lo que el pescado no puede ser más fresco. Completa bodega (y vinos a precios ajustados, teniendo en cuenta su calidad). Si hay que tapear algo, pues hay que decidirse por los maganos o chipirones de guañadeta (arte de pesca).

LA ATALAYA: en Pontejos, más arriba de Astillero, avenida Pedrosa 52, ☎ 942 50 39 06. Comedor confortable en un casa de los cincuenta. Gema Sánchez ofrece una estupenda cocina muy particular que cambian de carta constantemente y está basada en una cuidada elaboración y en los mejores productos que cada temporada da el mercado.

LA FLOR DE TETUÁN: Tetuán, 25; ☎ 942 21 83 53. Una de las marisquerías santanderinas en las que más atinadamente se elige

el género. Recoleto comedor por donde corren cigalas, langostas, bogavantes, rodaballo, maganos, mero, chuletas y solomillos. Entre las especialidades: *almejas a la marinera, anchoas de Santoña con pimientos, cocochas de merluza en salsa, tarta de queso.* Paredes de color salmón y decoración marinera. Riojas, blancos del Penedés y de Rueda.

LOS RAQUEROS: Bonifaz, 22; ☎ 942 22 43 91. Comedor muy moderno en pleno centro de Santander, no lejos del monumento a los raqueros. Ingredientes muy seleccionados y frescos con los que Jesús García del Castillo elabora una cocina de autor que no se despega de la tradición cántabra, más bien la actualizad. Bodega de calidad.

LASAL: Castelar 5, en Puertochico; ☎ 942 21 46 46. Comedor amplio y moderno, con suelo de madera y mesas primorosamente montada. Bajo la dirección de un excelente y experimentado restaurador, Koldo Iriarte y de un estupendo cocinero, Fausto Alonso. Carta variada de cocina clásica a veces con algún toque sorprendente y elaborada con materias primas muy escogidas, como las gambas blancas que se traen de Huelva. *Patatas a la importancia con bacalao, huevos escalfados a baja temperatura con pisto casero, sardina ahumada con trigueros y vinagreta, casquería de cordero con manitas y mollejas, San Martín con emulsión de boletus y setas de temporada,* etc. Estupenda bodega. Precios tirando a la categoría de caro.

MACHINERO: Ruiz de Alda, 16; ☎ 942 31 49 21. Cocina de temporada, moderna y tradicional. *Espárragos rellenos, revuelto de centollo con pisto, rape a la crema de ajos y erizos de mar, cogote de merluza al horno con patatas panaderas, bacalao al horno, pastel de setas, helado de queso, biscuit de turrón.* También han incluido en la carta carne de avestruz, tan de moda últimamente. El cocinero es Fernando Pérez quien ha trabajado en acreditados locales de Cantabria. Menú a precio medio.

MAREA ALTA: avda. Reina Victoria, 153; ☎ 942 27 43 00. www.hoteles-silken.com Es el restaurante del hotel Silken Río (antes hotel Rhin) y uno de los mejores de Cantabria. Comedor elegante, bien organizado; vistas a la playa. Carta limitada pero de gran calidad y en la que destaca el interés por modernizar la vieja cocina cántabra. Una de las especialidades es el *crujiente de cochinillo confitado.* Menú degustación. En la bodega se encuentran todas las denominaciones de origen españolas. No dejan fumar. Su chef

Modesto Santa Cruz ofrece una estupenda cocina creativa muy bien presentada.

MAREMONDO: frente al Casino, ☎ 942 27 30 34. Miguel Valdés en la cocina y Juan Carlos en la sala componen una de las propuesta más novedosas de los últimos años. Cocina tradicional elaborada con carnes y pescados de calidad. No dejéis de probar las milhojas de berenjena con salsa de cigalita. Bodega con bastantes referencias.

NUEVO SEGOVIANO: Paseo Menéndez Pelayo, 49; ☎ 942 21 75 03. Cierra los domingos (excepto festividades). Tres decenios lleva funcionando este establecimiento que ha sufrido últimamente importante renovación de Luis Velasco y de Shirley Martínez. Consta de dos comedores con decoración castellana, arconadas de piedra natural y artesonado. Cocina segoviana sin olvidar la cocina marinera del Cantábrico.

POSADA DEL MAR: Castelar, 19; ☎ 942 21 30 23 ó 942 21 56 56. Cierran los domingos. Ya no está en aquel local pintoresco y también con sabor, en Juan de la Cosa, sino en local moderno, de diseño, agradable. Llevan el negocio la familia Merendón. Cocina casera, aunque últimamente ofrecen algunos platos más innovadores, en calle paralela a Puertochico y en la que sobresalen los platos que tienen la merluza como ingrediente. Es el *chuletón de tudanca* una de las especialidades más solicitadas y lo mismo se puede decir de la *merluza Posada*. Otros platos: *rabas de calamar fresco, merluza con calamares, maganos encebollados, anchoas con pimientos rojos naturales, bocartes a la cazuela, ostras, cigalas, cangrejos, morcón, mollejas, rabo de toro, patés, rabo de buey estofado, patés, tortilla de frambuesas.* Postres: *leche frita, sorbete de limón al cava, arroz con leche* y gran variedad de tartas. Bodega bien provista de Riojas y Ribera del Duero. Menú a precio medio. Fijaos en el cuadro que representa a Woody Allen que antes estuvo, hace muchos años lo vimos, en el hotel México...

PUERTA 23: en Tetuán, 23; ☎ 942 31 05 73. Comedor rabiosamente moderno y en la mesa cocina tradicional modernizada de la mano de Álvaro Obregón. Buenos arroces, mariscos, degustación de bacalao (tres sabores), entrecot de novilla, etc. Platos estupendamente presentados y bodega muy seleccionada.

ZACARÍAS: Hernán Cortés, 38; esquina General

Mola, 41; ☎ 942 21 23 33. Una de las zonas es para picoteo (raciones de rabas, almejas, maganos encebollados). Ya en el comedor: *ensalada pejina, alubias rojas de Guriezo, arroz de marisma con almejas, merluza de Laredo en salsa verde, maganos de guadañeta encebollados, bacalao a la montañesa, chuletón campurriano, tronzón al queso picón, arroz pejina, tartas caseras, sorbetes variados caseros, etc.* Tienen varios menús (desde los caros hasta los más económicos). Vinos: Riojas, Penedés, Ribera del Duero, Albariños, vinos andaluces y algunos franceses y alemanes. Menú asequible.

TAPAS Y COPAS

Además de algunos restaurantes citados (casa José, Zacarías, Bar el Puerto, bodega Cigaleña, Cañadío, Cantabria, Flor de Tetuán...), las tascas y tabernas se reparten en toda la ciudad: Daoiz y Velarde; Peña Herbosa; Vargas-San Fernando Alameda (La Castellana, Casa Mariano, Gelin y un montón). A la calle Peña Herbosa va la gente a mediodía a tomarse unos vermús de barril o un blanco de la Nava antes de ir a almorzar. Tampoco nos olvidemos de las casas de comidas, pescado y mariscos a precios asequibles, las parrillas en la calle, del **Barrio Pesquero** (La Gaviota, Los Peñucas, Casa José) a las que también se acude a tapear. En El Sardinero el ambiente es sobre todo en verano (Old Cormorán… muchas cafeterías como Erika, Yesterday, al lado del Gran Casino, etc).

"TOUR & TAPAS": visita guiada por la ciudad de Santander y una ruta de pinchos con Guías Oficiales de Cantabria. Esta nueva ruta turística permitirá a los visitantes de Santander conocer la ciudad y su historia al tiempo que disfrutan de su gastronomía, degustando pinchos típicos en tres establecimientos hosteleros de la capital. La ruta, de 2,5 horas de duración aproximada y 18 euros de coste. Información y reservas en el ☎ 609 724 284 y en tourytapasantander@gmail.com

ARRABAL ONCE (a´11): en el número de la calle Arrabal que indica su nombre. Muy concurrido por la calidad de sus pinchos. Bonita decoración.

CRUZ BLANCA: en Daoiz y Velarde, ☎ 942 36 42 95. Un clásico en la vida nocturna santanderina pese a que ha cambiado varias veces de nombre y de decoración. Ahora es rabiosamente moderno. Cervecería, muchas tapas y raciones. No es nada caro. A tope por las noches.

CASA AJERO: Daoiz y Velarde. Local moderno. Vinos de calidad y muchas tapas; pinchos. Suele estar a tope.

CASA LITA: Paseo Pereda, 37. Su principal virtud es la gran variedad de pinchos exquisitos. Local de diseño y de obligada visita.

LA CASA DE REVERT: en la avenida del Estadio. Estupendo picoteo.

LA CAVADA DE PEDRO: al lado del hospital de Valdecilla. Suele estar a tope entre otras razones porque el dueño es muy simpático. Pinchos, tapas, comidas…

EL DILUVIO: General Mola, 14. Lienzos de ladrillo y ventiladores de los clásicos. Pinchos

variados y tapas (rabas, medallón de solomillo, etcétera). Algunas tapas llaman la atención por su creatividad. Menú del día muy asequible.

EL MARUCHO: Tetuán, 21. Tapas y mariscos en una taberna popular. Muy buena la relación calidad-precio.

FUENTE DÉ: Peña Herbosa. Establecimiento con bastante solera. El vino es muy barato. Jamón, chorizo, albóndigas, queso, cocido, callos, cocido lebaniego, bocartes... barra de ladrillos rojizos y establecimiento con sabor. Pintoresco el letrero de *Ponche Soto*. Plato del día a precio económico (hacen unos **cocidos** montañeses fantásticos); muy recomendable. Las raciones son copiosas. Una maravilla en los tiempos que corren...

MAZÓN: Hernán Cortés, 57; ☎ 942 21 57 52. Bodega (y restaurante) donde sirven copiosas raciones y cazuelitas. Fundada en 1902. Vinos riojanos y excelentes pimientos. Grandes barriles.

RAMPALAY: Daoiz y Velarde, 9; ☎ 942 31 33 67. www.mesonrampalay-santander.com La especialidad de la casa son los bocaditos y sobre todo los tomatitos. En resumidas cuentas, pinchos y cazuelitas. Noches del viernes y sábado, a tope.

COPAS

Los bares de copas se concentran en El Sardinero, en verano, y especialmente en la plaza de Cañadío (*Zen, Bombay, Canela, El Ventilador, Bogart*.. y si hay que comer algo rápido, pues el Zampabollos en la calle Moctezuma www.zampabollas.com), Peña Herbosa, Río de la Pila, Hernán Cortés, Daoiz y Velarde, General Mola son calles suficientemente provistas de tabernas, pubes y alguna que otra discoteca. En verano, las **terrazas** se

llenan de santanderinos y veraneantes (las del paseo Pereda, las de El Sardinero, etcétera). Frente a Correos, en los Jardines de Pereda, se tenéis una terraza muy agradable, Las Farolas. En la calle Zorrilla (subiendo por Menéndez Pelayo) hay dos sitios muy agradables: el Café Sol y al lado el pub Terminal.

Como es frecuente que los locales se cierren o cambien de nombre, y más en un sitio tan

turístico como Santander. En general así se distribuyen las zonas santanderinas de cervezas y copas.

CASTELAR (frente a Puertochico): una serie de terrazas, bares y pubes que están muy bien para hacer un alto: **Castelar 45, Stop**, **King,** etc.

PLAZA DE CAÑADÍO: en verano, entre las doce y la una de la madrugada, no cabe en la plaza y calles aledañas ni un alfiler. Bullicio, pues, teniendo como telón de fondo la casa donde vivió Pancho Cossío y la Iglesia Evangelista Española.

TERRAZAS

En verano, las terrazas se llenan de santanderinos y veraneantes (las del paseo Pereda, las de El Sardinero, plaza del Pombo), las que rellenan la Alameda, plaza de Italia, etc. Se podría decir, en estío repetimos, que Santander es una terraza. Muchas de las terrazas tienen una moderna estructura cubierta, por si hay que sentarse con inclemencias o cuando llueve (fijaos en las del paseo Pereda). En los últimos tiempos han abierto una serie de terrazas, muy concurridas, frente al monumento al Machichaco, en la calle Calderón de la Barca, al final del paseo Pereda y sobre todo en la modernizada **Castelar.** Una de las novedades de los últimos años es la desaparición de La Austriaca.

ALASKA: Paseo de Pereda, 16. En esta cafetería-terraza la gente suele también recalar para tomar un plato combinado (ocho distintos para elegir) o unos sandwiches (vegetal, california, habanero). Menú asequible.

LA FLOR Y NATA: Paseo Pereda, 27. Bajo el Consulado de Grecia: bocadillos, helados y cremas artesanales, batidos.

LAS HIJAS DE FLORENCIO: Paseo Pereda, 23. Lo que fuera una carpintería se ha convertido en uno de los sitios más de moda. También es un buen sitio para tapear (vinos e ibéricos), variado surtido de pinchos. Magnífico.

LISBOA: plaza de Italia. Una de las más conocidas. Buenas tapas de rabas. Sirven un gustoso caldo de gallina. Se puede desayunar en la terraza, por ejemplo chocolate con churros (no es caro).

SIBONEY: en Castelar. Otra de las terrazas clásica del buen vivir santanderino. A tope cuando el sol asoma.

SUIZO: Paseo de Pereda 28, ☎ 942 21 58 64, aunque también se puede entrar por la calle General Mola. Concurrido interior, con balaustrada de blanca madera, y terraza frecuentadísima. Sirven bocadillitos, crepes, etc. Las anchoas están muy ricas. Ofrecen un menú asequible.

CAFÉS CON CIERTO ENCANTO

En Santander no han sobrevivido los cafés auténticos, sí brillantes imitaciones o vulgares restauraciones. Recordemos que don José María Pereda acostumbraba a parar en el café Suizo de su tiempo. Por su parte, don Marcelino Menéndez Pelayo so-

lía acudir al Círculo Recreo. Pero, bueno, todo aquel mundo literario ya pasó. Hoy podéis ir, entre otros, a los siguientes establecimientos:

CAFÉ POMBO: plaza del Pombo, antes plaza José Antonio. Reformado hace ya algunos años, es uno de esos lujosos y refinados cafés de "principios de siglo". Cristaleras y madera de nogal. Llaman la atención las vitrinas, que son dos confesionarios neogóticos arreglados.

COMPRAS

MERCADO DEL ESTE: en la calle Hernán Cortés. Hace pocos años rehabilitado y convertido en un estupendo y selecto centro comercial. De todas formas, lo mejor, lo que le da empaque a todo es el edificio proyectado por Antonio Zabaleta en 1840 (el mismo arquitecto de la cercana iglesia de Santa Lucía). Si estáis interesados en comprar vinos de calidad, tenéis una sucursal de **Finca Tablanca.** Productos gastronómicos, en **Mantequerías Cántabras.** En **La Cubana** ofrecen exquisitas comidas preparadas. A la hora de comer aquí se encuentra el restaurante **La Casa del Indiano** (cocina tradicional de calidad). Aquí se encuentra la **Oficina de Turismo** del Gobierno de Cantabria.

DIFERENTE: Vargas, 55. Una especie de selecto supermercado lleno de delicatessen, casi siempre lleno de gente. Vinoteca, amplia variedad de conservas, ibéricos, congelados de calidad. **Comida preparada.** Tienen otra tienda en El Sardinero, en los bajos del hotel Santemar. Y otra cosa, los domingos y festivos también abren, de 9:30 a 15:00 h.

EL CORTE DEL SEVILLANO: a cien metros de la terminal de autobuses. Sobre todo ibéricos y otro productos gastronómicos.

EL OSO GOLOSO: Al lado de la cruz de la Machichaco.

Anchoas artesanales, tortas campurrianas, productos típicos.

LA DELICATESSEN LA ERMITA: al lado de la estación de autobuses, plaza de las Estaciones. Queso, leche, yogur... todo muy fresco.

LA RUTA DEL VINO: Arrabal, 18. Vinoteca bien montada, con dos plantas. Los más granados caldos españoles.

MANTEQUERÍAS CÁNTABRAS: plaza de Italia. Casa fundada en 1850 situada en los bajos del Casino. Vinoteca (un buen número de Riojas), carnes de la región, quesos franceses y variadísimo elenco de productos de la Montaña.

MONERRÍS: Amós de Escalante 8, en la entrada de la calle Jesús de Monasterio. Estupendos turrones de Jijona artesanales, y otra cosa a tener en cuenta, sus extraordinarios helados.

SIERRA DEL OSO: orujo, anchoas, todo tipo de delicatessen norteñas. En la calle Jesús Monasterio.

VEGA: Hernán Cortés, 11 (esquina con Lope de Vega). Todo lo de la tierruca: sobaos pasiegos, pastel cántabro, quesadas, polka, paciencias, corbatas, pastas almendradas,

mermeladas, quesucos, orujos, anchoas, etc.

LIBRERÍA ESTVDIO: con tres importantes locales en el centro de Santander. Uno en la calle Calvo Sotelo, 21 (frente a Correos y a la catedral), el otro importante está en la calle Burgos. Ediciones sobre Cantabria. Amplio escaparate con libros sobre Santander y Cantabria muy bien editados por ellos.

QUÉ HACER

PASEO EN LANCHA. El embarcadero, para bajar a las lanchas, se encuentra junto al *Palacete*, en el centro del paseo de Pereda o del paseo marítimo. Se trata de una instalación pequeña y moderna, acristalada. El origen de este servicio hay que buscarlo en 1914 y en la necesidad de arbitrar un medio para transportar la leche. En pocos minutos, y gracias a este paseo, conoceréis la bahía o iréis a las playas opuestas a la capital, o cruzaréis rumbo a las tierras trasmeranas. Salidas a Pedreña, Somo (4 euros ida y vuelta), playa de El Puntal (frecuencia: cada quince minutos en verano y cada media hora el resto del año). Más información: Reginas, ☎ 942 21 67 53, 669 89 57 86, www.losreginas.es). Organizan excursiones por la bahía y remontando el curso del río Cubas. Muchos windsurfistas utilizan este servicio de transporte para practicar su deporte en el otro lado de la bahía.

GRAN CASINO: plaza de Italia; ☎ 942 27 60 54. En sus salas, reformadas hace pocos años, se juega al black jack, a la ruleta francesa y americana, punto y banca, chemin de fer. Restaurante de calidad.

GOLF MUNICIPAL DE MATALEÑAS: avda. del Faro, s/n; ☎ 942 39 02 47. Horario: de las 9:00 h. a las 21:00 h. Fue el primer campo municipal construido en España. A cambio de una entrada, y estando federado, se puede jugar a precios más asequibles.

REAL GOLF DE PEDREÑA: algunos de sus hoyos y recorridos han sido proyectados por Severiano Ballesteros, sin embargo el campo es mucho más antiguo, data de 1928 y su creación habría que incluirla dentro de ese gran *complejo* del Santander alfonsino (dicen que la reina Victoria Eugenia ideó el campo). Según el saber y entender del duque de Alba es éste *uno de los mejores campos del mundo que supone para Santander un avance considerable en el camino emprendido para ser un gran centro de atracción del turismo internacional.* Pedreña es famosa por ser la cuna de Ballesteros y también por la mucha afición que hay a las traineras.

PUERTOS DEPORTIVOS

PUERTOCHICO (Dársena de Molnedo): en pleno centro de la ciudad, proyectado por José de Lequerica en 1884 con el fin de

aligerar el tráfico del entonces puerto pesquero.

Real Club Marítimo de Santander (Puerto Chico): en pleno centro de la ciudad, ☎ 942 21 40 50. Latitud: 43º 27' 7" N. Longitud: 3º 45' 00" W. Calado 4 m, eslora máxima 12 m, amarres 118. Servicios, agua, electricidad, combustible, grúa. Los amarres suelen estar ocupados en su totalidad, aunque a veces se puede encontrar un amarre por días. Organizan numerosas regatas.

PUERTO DEPORTIVO: avenida Tornada (Maliaño), ☎ 942 36 92 98. www.marinasantander.com Cuenta con 130 amarres, calado 2,5 m, eslora máxima 23 m. Servicios: combustible, agua, electricidad, grúa, duchas, lavadora, internet.

FIESTAS Y ACONTECIMIENTOS

DERBY DE LOREDO (Loredo está frente a Santander): aquí se celebra todos los años el *derby* o carreras de caballos sobre la playa de varios kilómetros. Esta competición ecuestre se disputó por vez primera en 1957: los pueblerinos se montaban en sus asnos y corrían como descosidos por la playa. Pero los tiempos cambian y desde 1984 son caballos pura sangre los que trotan en Loredo. También en la playa Salvé (Laredo) y entre la arena del Piquío y el hotel Chiqui se celebra un *derby* en verano.

FESTIVAL DE MÚSICA Y DANZA: en verano y en el Palacio de Festivales.

SEMANA SANTA: Vía Crucis, Concierto Sacro, procesión de Ramos, procesión Paso de Nuestra Señora de la Esperanza, procesión del Encuentro, procesión del Perdón y del Silencio, procesión de la Santa Vera Cruz y Pasión del Señor (Jueves Santo), Vía Crucis a Nuestra Señora de Valvanuz y procesión del Santo Entierro (Viernes Santo), procesión de la Soledad (Sábado Santo).

FERIA DE SANTIAGO: segunda quincena de julio. **Corridas de toros** con los mejores toreros y ganaderos del momento. Fuegos artificales, sardinadas...

BAÑOS DE OLA: en julio. Se trata de recordar a los bañistas y al turismo de mediados del siglo pasado y de la Santander aristocrática. El primer anuncio publicado sobre tal actividad se imprimió en la Gaceta de Madrid el 17 de julio de 1847. Era una forma de promocionar la playa del Sardinero...

Junto a la playa montan varias casetas blanquiazules: en unas venden antigüedades o imitaciones de juguetes decimonónicos, en otras despachan barquillos y se ve cómo los hacen; otra es una churrería... las terrazas llenas, mucho ambiente. ¿Más actividades?: cine, inauguración de la falla, baile, degustaciones de limonada, verbenas de época, concursos para niños, campeonato de bolos a la antigua usanza, teatro, concursos de esculturas en la arena, concurso de perros de compañía de la Corte, cuentacuentos, etcétera.

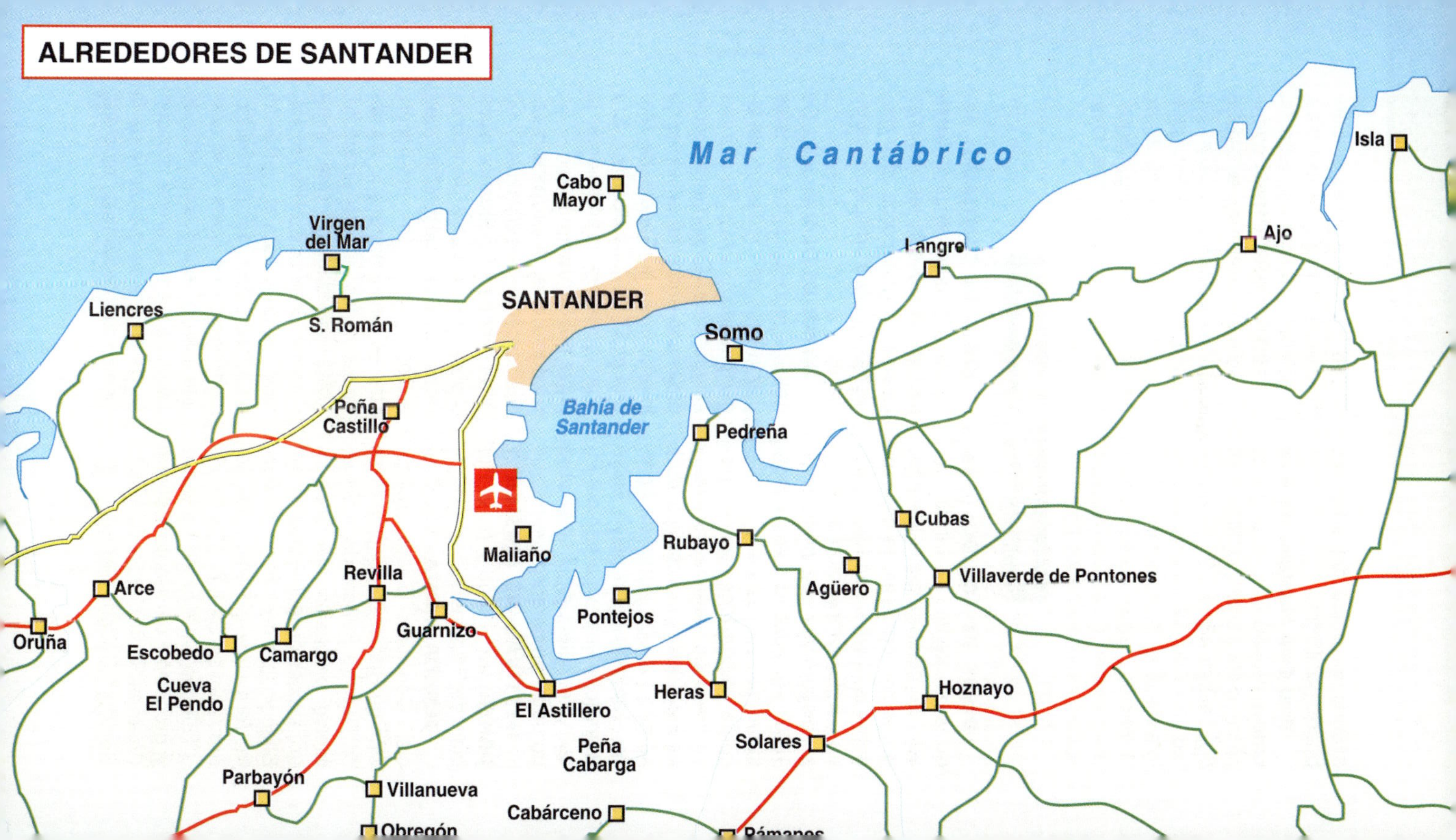
ALREDEDORES DE SANTANDER
Mar Cantábrico
Isla
Ajo
Langre
Cabo Mayor
Virgen del Mar
SANTANDER
Liencres
S. Román
Somo
Bahía de Santander
Pedreña
Peña Castillo
Cubas
Rubayo
Maliaño
Agüero
Villaverde de Pontones
Revilla
Arce
Guarnizo
Pontejos
Oruña
Escobedo
Camargo
Cueva El Pendo
El Astillero
Heras
Hoznayo
Solares
Peña Cabarga
Parbayón
Villanueva
Cabárceno
Obregón

EXCURSIONES POR CANTABRIA

BAHÍA DE SANTANDER: al otro lado de la bahía se puede llegar desde el Embarcadero de Santander en lancha. **Pedreña** es el pueblo de Severiano Ballesteros y localidad famosa por el Real Golf de Pedreña. Somo cuenta con una playa impresionante, **El Puntal.** La playa de Somo y dunas anejas forman uno de los parajes más idílicos de la costa cántabra. **Suesa** muestra un templo que comenzó a construirse en el siglo XVI. Loredo, frente a Santander, y bordeando la playa de Somo, forma un largo y ancho arenal desde el que se aprecia la bahía de Santander y el complejo alfonsino (El Sardinero, La Magdalena). Tenéis, además, una playa para naturistas, *Las Atenas.* **Langre** viene moldeado por un paisaje de ondulantes prados, pero en el que destacan tanto las playas como los espectaculares acantilados.

Por el otro lado, teniendo como punto la misma Santander, desde **Cabo Mayor** se llega a San Román y desde allí al monasterio de Corbán con iglesia gótica. El santuario de la Virgen del Mar, a 7 km de Santander, aunque reconstruido data del siglo XVII. **Soto de Marina** es una línea litoral con calas y la playa de San Juan la Canal, entre roquedales y espectaculares paredes. A un paseíto, er-

P.N. DE OYAMBRE
SAN VICENTE DE LA BARQUERA
Pesués
Prellezo
Unquera
N-634
Santillán
Trasvía
La Revilla
El Tejo
Ruiseñada
Molleda
Muñorrodero
Serdio
El Hortigal
La Acebosa
Luey
Estrada
Lalamodrid
Caviedes
Abanillas
San Pedro de las Baheras
El Barcenal
Camijanes
Gandarilla
N-621
Cabanzón
Roiz
Treceño
Bielva
Labarces
Villanueva
Puente de Arrudo
Cueva de El Soplao
Cades
Rábago
Embalse de Palomera
Bustriguado
Celis
Riclones
Celucos
San Vicente del Monte
Quintanilla
Obeso
Linares
Roza
La Hermida
Sobrolapeña
Puentenansa
Carmona
TRESVISO
Navedo
Lafuente
Río
Cabrojo
Beje
Barcenillas
Cires
Cicera
Collado de CARMONA
Valle
Lebeña
Cosío
Terán
Cabañes
Rozadío
Sel
Pendes
Castro
Colio
Trillayo
San Sebastián de Garabandal
Reneda
Sarceda
Fresnedo
Argüébanes
Lama
Aliezo
S. Pedro de Bedoya
Santotís
Pico Tesorero
Peña Vieja
Morra de Lechugales
Esanos
Tudanca
Lon
Brez
Tanarrio
Peña Remoña
Fuente Dé
S. Pelayo
POTES
Ojedo
Mogrovejo
La Lastra
Cahecho
El Tojo
PARQUE NACIONAL PICOS DE EUROPA
Turieno
Cambarco
Luriezo
CAMALEÑO
Frama
CABEZÓN DE LIÉBANA
Aniezo
Saja
Embalse de la Lastra
Cabariezo
Pido
Espinama
Pembes
Campollo
Torices
Embalse de la Cohilla
Treviño
Piasca
Dobarganes
Tollo
Perrozo
Lamedo
Puente Pumar
Cosgaya
Enterrías
Lombraña
El Coriscao
LA VEGA
Lerones
Cotillos
Vada
Bores
Lomeña
Uznayo
Tresabuela
Lombraña
Ledantes
Barrio
Bárcena
Vendejo
Valdeprado
Collado de PIEDRASLUENGAS
Dobres
Cucayo
Caloca
Peña Labra
Alto Campoo
Peña Bistruey
Peña Prieta
Abiada
Entrebasaguas
Peña Astía

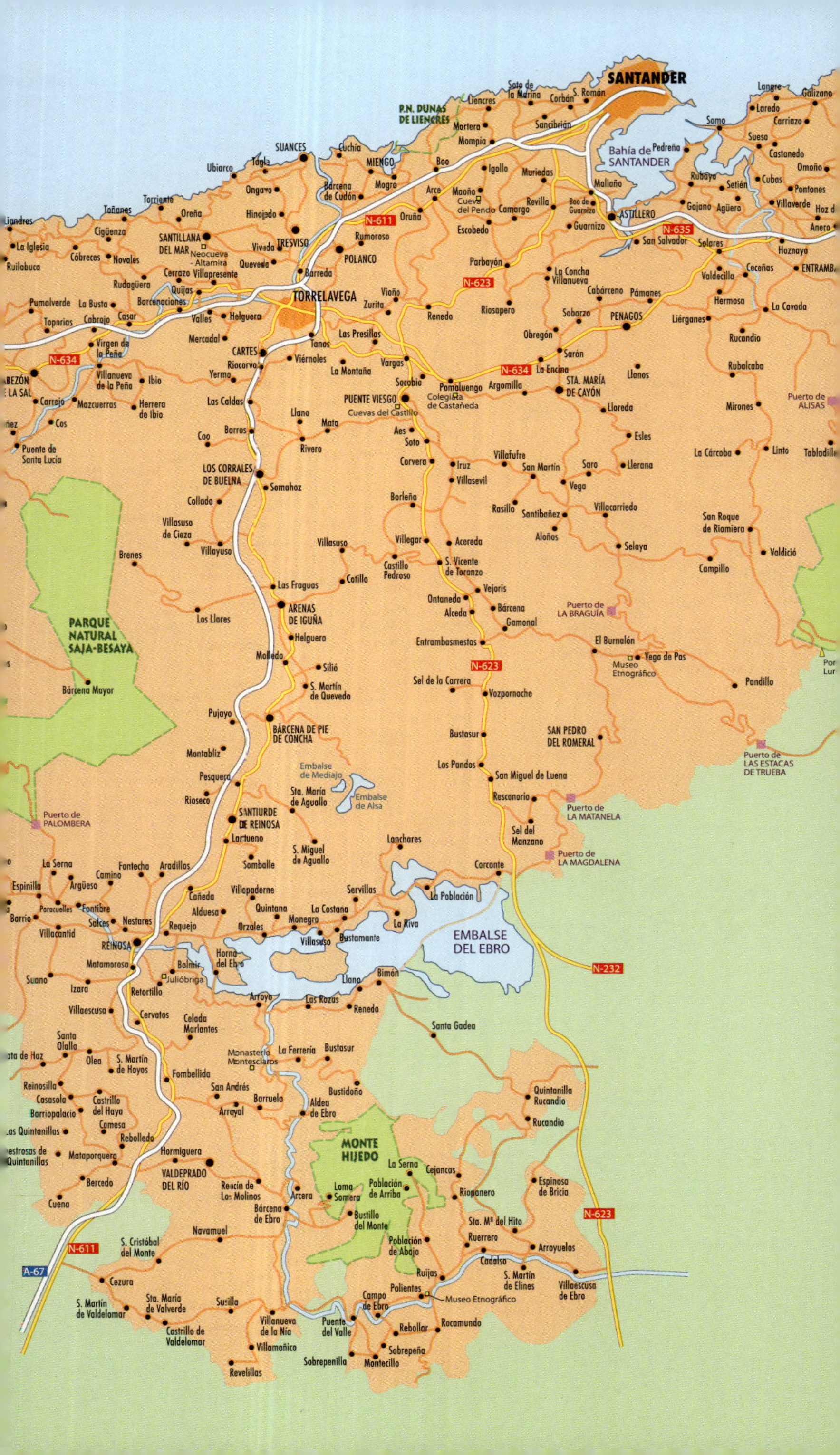

SANTANDER
Bahía de SANTANDER
P.N. DUNAS DE LIENCRES
Liencres
Soto de la Marina
Corbán
S. Román
Mortera
Sancibrián
Mompía
SUANCES
Cuchía
Tagle
Ubiarco
MIENGO
Mogro
Boo
Igollo
Muriedas
Maliaño
Pedreña
Somo
Langre
Galizano
Laredo
Carriazo
Suesa
Castanedo
Omoño
Rubayo
Setién
Cubas
Pontones
Gajano
Agüero
Villaverde
ASTILLERO
Guarnizo
Boo de Guarnizo
San Salvador
Solares
Anero
Hoznayo
Ceceñas
ENTRAMB
Valdecilla
Hermosa
La Cavada
Torriente
Ongayo
Bárcena de Cudón
Arce
Maoño
Cueva del Pendo
Camargo
Revilla
Tañanes
Oreña
Hinojedo
Oruña
Escobedo
Liandres
Cigüenza
SANTILLANA DEL MAR
Neocueva Altamira
TRESVISO
Rumoroso
La Iglesia
Cóbreces
Novales
Viveda
Queveda
POLANCO
Parbayón
La Concha
Villanueva
Ruilobuca
Rudagüera
Cerrazo
Villapresente
Barreda
Cabárceno
Pámanes
Quijas
TORRELAVEGA
Viaño
Zurita
Renedo
Riosapero
Sobarzo
PENAGOS
Liérganes
Pumalverde
La Busta
Barcenaciones
Toporias
Cabrojo
Casar
Valles
Helguera
Mercadal
Tanos
Las Presillas
Obregón
Rucandio
Virgen de la Peña
CARTES
Viérnoles
Sarón
Rubalcaba
CABEZÓN DE LA SAL
Riocorvo
La Montaña
Vargas
La Encina
Yermo
Villanueva de la Peña
Ibio
Socobio
Pomaluengo
Argomilla
STA. MARÍA DE CAYÓN
Llanos
Carrejo
Mazcuerras
Herrera de Ibio
Las Caldas
PUENTE VIESGO
Colegiata de Castañeda
Lloreda
Mirones
Puerto de ALISAS
Cos
Llano
Mata
Cuevas del Castillo
Barros
Aes
Coo
Rivero
Soto
Esles
Puente de Santa Lucía
La Cárcoba
Linto
Tabladillo
Corvera
Iruz
Villafufre
San Martín
Saro
Llerana
LOS CORRALES DE BUELNA
Villasevil
Vega
Somahoz
Borleña
Collado
Rasillo
Santibañez
Villacarriedo
San Roque de Riomiera
Aloños
Villasuso de Cieza
Villayuso
Villasuso
Villegar
Acereda
Selaya
Valdició
Brenes
Castillo Pedroso
S. Vicente de Toranzo
Campillo
Las Fraguas
Cotillo
Vejoris
PARQUE NATURAL SAJA-BESAYA
Ontaneda
Bárcena
Los Llares
ARENAS DE IGUÑA
Alceda
Gamonal
Puerto de LA BRAGUÍA
Helguera
Entrambasmestas
El Burnalón
Molledo
Museo Etnográfico
Vega de Pas
Silió
Sel de la Carrera
Bárcena Mayor
S. Martín de Quevedo
Vozpornoche
Pandillo
Pujayo
BÁRCENA DE PIE DE CONCHA
Bustasur
SAN PEDRO DEL ROMERAL
Montabliz
Embalse de Mediajo
Los Pandos
San Miguel de Luena
Puerto de LAS ESTACAS DE TRUEBA
Pesquera
Sta. María de Aguallo
Embalse de Alsa
Resconorio
Rioseco
Puerto de PALOMBERA
SANTIURDE DE REINOSA
Puerto de LA MATANELA
Sel del Manzano
Lantueno
Lanchares
S. Miguel de Aguallo
Puerto de LA MAGDALENA
La Serna
Fontecha
Aradillos
Somballe
Corconte
Espinilla
Camino
Argüeso
Villapaderne
Servillas
La Población
Cañeda
Paracuelles
Fontibre
Quintana
La Costana
Barrio
Alduesa
Salces
Nestares
Monegro
La Riva
Villacantid
Requejo
Orzales
EMBALSE DEL EBRO
REINOSA
Villasuso
Bustamante
Horna del Ebro
Matamoroso
Bolmir
Julióbriga
Bimón
Suano
Llano
N-232
Izara
Retortillo
Arroyo
Las Rozas
Renedo
Villaescusa
Cervatos
Celada Marlantes
Santa Gadea
Santa Olalla
Monasterio Montesclaros
La Ferrería
Bustasur
Mata de Hoz
Olea
S. Martín de Hoyos
Fombellida
Reinosilla
San Andrés
Bustidoño
Quintanilla Rucandio
Casasola
Castrillo del Haya
Barruelo
Barriopalacio
Arroyal
Aldea de Ebro
Rucandio
Las Quintanillas
Camesa
Rebolledo
MONTE HIJEDO
Hormiguera
Mataporquera
La Serna
Cejancas
Espinosa de Bricia
VALDEPRADO DEL RÍO
Población de Arriba
Bercedo
Reocin de Los Molinos
Loma Somera
Riopanero
Cuena
Arcera
Bustillo del Monte
Bárcena de Ebro
Sta. Mª del Hito
Navamuel
Población de Abajo
Ruerrero
S. Cristóbal del Monte
Arroyuelos
A-67
Cadalso
Ruijas
S. Martín de Elines
Villaescusa de Ebro
Cezura
Polientes
Campo de Ebro
Museo Etnográfico
S. Martín de Valdelomar
Sta. María de Valverde
Susilla
Villanueva de la Nía
Puente del Valle
Rebollar
Rocamundo
Castrillo de Valdelomar
Villamoñico
Sobrepeña
Sobrepenilla
Montecillo
Revelillas
N-611
N-623
N-634
N-635

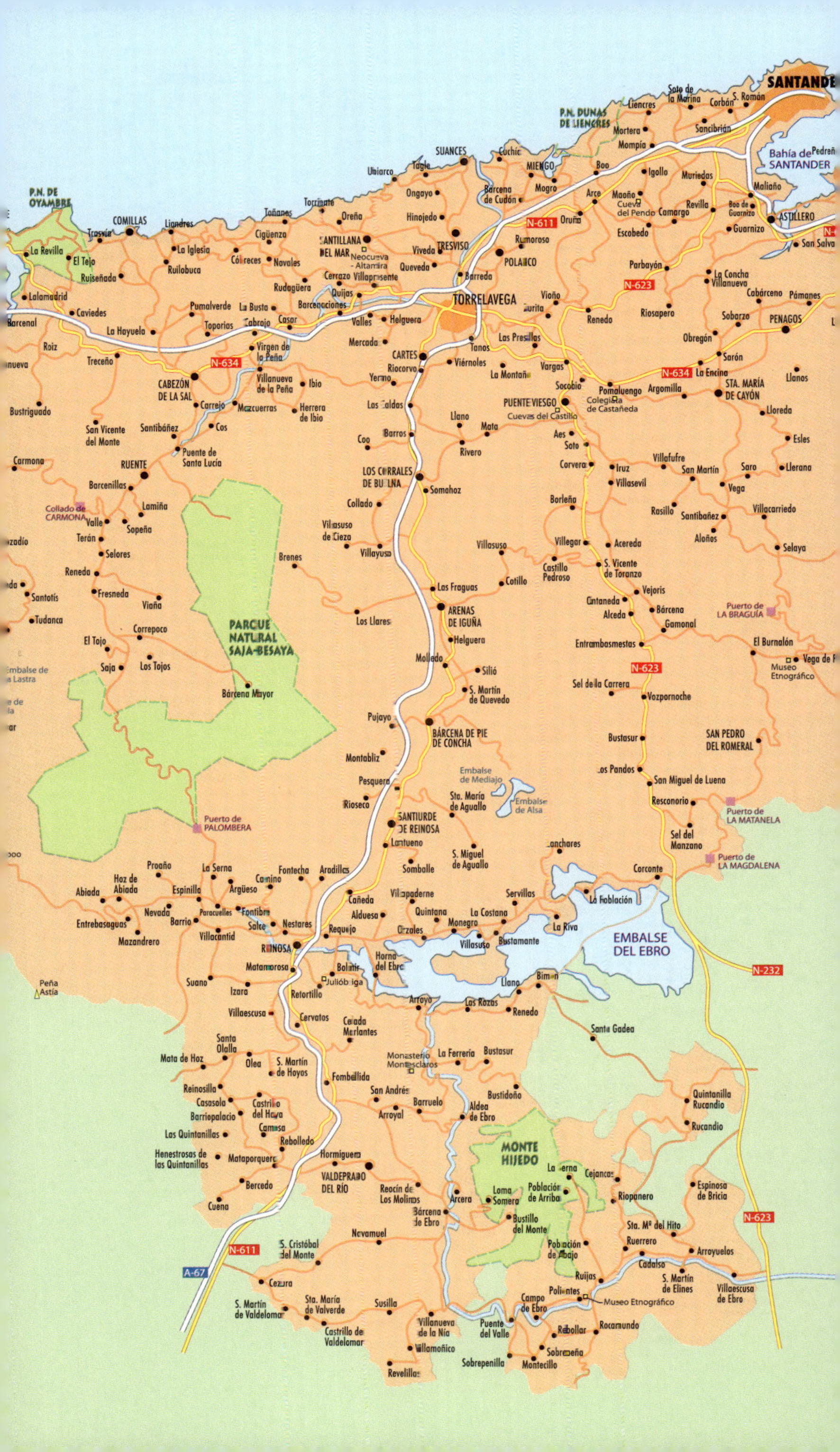

SANTANDER
Soto de la Marina
S. Román
Corbán
Liencres
P.N. DUNAS DE LIENCRES
Mortera
Sancibrián
Mompía
Bahía de SANTANDER
Pedreña
SUANCES
Cuchía
MIENGO
Boo
Igollo
Muriedas
Maliaño
Ubiarco
Tagle
Ongayo
Bárcena de Cudón
Mogro
Arce
Maoño
Cueva del Pendo
Camargo
Revilla
Boo de Guarnizo
ASTILLERO
P.N. DE OYAMBRE
COMILLAS
Trasvía
Liandres
Tóñanes
Torriente
Oreña
Hinojedo
N-611
Oruña
Escobedo
Guarnizo
San Salvador
La Revilla
El Tejo
La Iglesia
Cigüenza
SANTILLANA DEL MAR
Neocueva - Altamira
Viveda
TRESVISO
Rumoroso
Ruiseñada
Ruilobuca
Cóbreces
Novales
Queveda
POLANCO
Parbayón
La Concha Villanueva
Lalamadrid
Rudagüera
Cerrazo
Villapresente
Barreda
N-623
Cabárceno
Pámanes
Pumalverde
La Busta
Barcenaciones
Quijas
TORRELAVEGA
Viérnoles
Zurita
Renedo
Riosapero
Sobarzo
PENAGOS
Caviedes
Toporias
Cabrojo
Casar
Valles
Helguera
Barcenal
La Hayuela
Las Presillas
Obregón
Roiz
Virgen de la Peña
Mercadal
Tanos
CARTES
Sarón
Treceño
N-634
Villanueva de la Peña
Riocorvo
Viérnoles
La Montaña
Vargas
La Encina
STA. MARÍA DE CAYÓN
Llanos
CABEZÓN DE LA SAL
Ibio
Yermo
Socobio
Pomaluengo
Argomilla
Carrejo
Mazcuerras
Herrera de Ibio
Las Caldas
PUENTE VIESGO
Colegiata de Castañeda
Cuevas del Castillo
Lloreda
Bustriguado
San Vicente del Monte
Santibáñez
Cos
Llano
Mata
Coo
Barros
Aes
Soto
Esles
Carmona
Puente de Santa Lucía
Rivero
RUENTE
LOS CORRALES DE BUELNA
Corvera
Iruz
Villafufre
San Martín
Saro
Llerana
Barcenillas
Villasevil
Somahoz
Collado de CARMONA
Lamiña
Collado
Borleña
Rasillo
Santibañez
Vega
Villacarriedo
Valle
Sopeña
Villasuso de Cieza
Alceña
Terán
Selores
Villayuso
Villasuso
Villegar
Acereda
Selaya
Brenes
Castillo Pedroso
S. Vicente de Toranzo
Reneda
Cotillo
Santotís
Fresneda
Las Fraguas
Ontaneda
Vejoris
Viaña
Tudanca
ARENAS DE IGUÑA
Alceda
Bárcena
Puerto de LA BRAGUÍA
Los Llares
Gamonal
PARQUE NATURAL SAJA-BESAYA
Correpoco
Helguera
El Tojo
Entrambasmestas
El Burnalón
Molledo
Saja
Los Tojos
Silió
Vega de Pas
Embalse de la Lastra
Museo Etnográfico
Sel de la Carrera
S. Martín de Quevedo
Vozpornoche
Bárcena Mayor
Pujayo
BÁRCENA DE PIE DE CONCHA
SAN PEDRO DEL ROMERAL
Bustasur
Montabliz
Los Pandos
Embalse de Mediajo
San Miguel de Luena
Pesquera
Sta. María de Aguayo
Embalse de Alsa
Resconorio
Rioseco
Puerto de LA MATANELA
Puerto de PALOMBERA
SANTIURDE DE REINOSA
Lantueno
Sel del Manzano
Lanchares
S. Miguel de Aguayo
Puerto de LA MAGDALENA
Proaño
La Serna
Fontecha
Aradillos
Somballe
Corconte
Hoz de Abiada
Espinilla
Argüeso
Camino
Abiada
Villapaderne
Servillas
Cañeda
La Población
Nevada
Paracuelles
Fontibre
Quintana
La Costana
Entrebasaguas
Barrio
Alduesa
Salces
Nestares
Monegro
La Riva
Villacantid
Requejo
Orzales
EMBALSE DEL EBRO
Mazandrero
REINOSA
Villasuso
Bustamante
Bolmir
Horna del Ebro
Matamorosa
N-232
Peña Astía
Suano
Juliobriga
Llano
Bimón
Izara
Retortillo
Arroyo
Las Rozas
Renedo
Villaescusa
Cervatos
Cañeda Morlantes
Santa Gadea
Santa Olalla
Mata de Hoz
Olea
S. Martín de Hoyos
Monasterio Montesclaros
La Ferrería
Bustasur
Fombellida
Reinosilla
Casasola
Castrillo del Haya
San Andrés
Barruelo
Bustidoño
Quintanilla Rucandio
Barriopalacio
Arroyal
Aldea de Ebro
Los Quintanillas
Camesa
Rucandio
Rebolledo
MONTE HIJEDO
Henestrosas de las Quintanillas
Mataporquera
Hormiguera
La Lerna
Cejancas
Espinosa de Bricia
VALDEPRADO DEL RÍO
Berzedo
Reocín de los Molinos
Arcera
Loma Somera
Población de Arriba
Riopanero
Cuena
Bárcena de Ebro
Bustillo del Monte
Sta. Mª del Hito
N-623
Nevamuel
Ruerrero
S. Cristóbal del Monte
Población de Abajo
Arroyuelos
N-611
Cadalso
A-67
Ruijas
S. Martín de Elines
Villaescusa de Ebro
Cezura
Polientes
Museo Etnográfico
S. Martín de Valdeloma
Sta. María de Valverde
Susilla
Campo de Ebro
Castrillo de Valdelomar
Villanueva de la Nía
Puente del Valle
Rebollar
Rocamundo
Villamoñico
Sobrepeña
Sobrepenilla
Montecillo
Revelillas

Isla Playa
Isla
Noja
Langre
Galizano
Ajo
Bareyo
Arnuero
Soano
Laredo
Cariazo
Güemes
S. Miguel de Meruelo
Argoños
Suesa
Castillo
Ancillo
Santoña
Costanedo
S. Mamés de Meruelo
Escalante
Omoño
San Bartolomé
Gama
Montehano
RES. NAT. MARISMAS DE SANTOÑA Y NOJA
Setién
Cubas
Pontones
Beranga
Bárcena de Cicero
Villaverde
Hoz de Anero
LAREDO
Sonabia
Islares
Anero
COLINDRES
Iseco Vieja
N-634
Oriñón
Allendelagua
Hoznayo
Treto
Seña
Hazas
Cerdigo
CASTRO URDIALES
Ceceñas
ENTRAMBASAGUAS
Garzón
Solórzano
Vidular
Villaviad
Hornedo
Rada
Rioseco
Montealegre
Mioño
La Cavada
Secadura
Puerto de FUENTE LAS VARAS
Bádames
Limpias
La Magdalena
Balbacienta
Ranero
Sámano
Marrón
Hoz de Marrón
La Bárcena
El Puente
Santullán
Ontón
Rucandio
AMPUERO
Las Garmillas
Adino
N-634
Ahedo
Angostina
Trebuesto
Rubalcaba
La San Miguel de Aras
La Aparecida
Otañes
Matienzo
Udalla
RASINES
Mirones
Puerto de ALISAS
Seldesuto
Llaguno
Agüera
Puerto de MUÑECAS
Ogarrio
N-629
Tabladillo
ARREDONDO
Riba
Valle
Gibaja
Torcollano
Socueva
RAMALES DE LA VICTORIA
Covalanas
Palacio
Asón
La Matanza
PARQUE NATURAL COLLADOS DEL ASÓN
San Pedro
Rozas
Lanestosa
Laiseca
VALLE DE VILLAVERDE
Regules
La Revilla
Mollinedo
Quintana
La Gándara
Lavín
Veguilla
Fresnedo
Valcaba
Villar
Portillo de Lunada
Portillo de LA SÍA
Pandillo
Puerto de LOS TORNOS
Zaloma
Puerto de LAS ESTACAS DE TRUEBA

mita de San Juan. **Liencres** es un enclave a unos 10 km de la capital de Cantabria, su iglesia de Santa Eulalia es del siglo XVI; playas en esta zona son las de Covachos, Arnia (presenta interés geomorfológico sus plegamientos e islotes), Las Higueras, etc. Las **dunas**

de Liencres son un importante parque natural o espacio protegido desde 1986. Se trata de un sistema dunar que se pierde entre un extenso pinar y la margen oriental de la desembocadura del Pas. Además de constituir el sistema dunar más extenso del Cantábrico,

posee una vegetación bien conservada en parte del espacio protegido. Forman paraje de ensueño en la playa de Valdearenas y el bellísimo estuario del Pas que se reparte entre punta del Águila y la mencionada playa. La ría de **Mogro-Abra del Pasa**, en los alrededores del parque natural de Liencres el Pas se ensancha y rodea la finca de Abra del Pas (hay aquí un campo de golf). Las angulas de estas aguas figuran en las mejores cazuelas del país, se pescan con nocturnidad y en bajamar. **Escobedo**, además de unas canteras, tiene la cueva de El Pendo, descubierta, como la cueva de Altamira por Marcelino Sanz de Sautuola. Ya en **Muriedas**, el Museo Etnográfico de Cantabria.

AJO: donde destaca la iglesia del convento de los dominicos es del XVI y en 1930 se construyó el faro. Tenéis dos playas, la de Cuberris y Antuerta. No faltan los sitios para picotear.

AMPUERO: ya era importante a principios del siglo XVIII. La tradición nos dice que en Santoña se hizo la carabela Santa María y en Ampuero La Pinta. La población es famosa por los encierros o sanfermines a la montañesa. Luce varias casas con corredera y varios palacios de arquitectura montañesa como el que fuera de los Espina Velasco. Iglesia barroca de tres naves, levantada entre los siglos XV y XVIII. El **santuario de la Bien Aparecida**, en Hoz de Marrón, es de un estilo barroco bastante sobrio, guarda una Virgen gótica del siglo XV.

ARNUERO: el pueblo, más bien disperso se acomoda entre los montes el Cincho y Molino de Viento. En su iglesia de la Asunción se puede apreciar uno de los mejores retablos platerescos de Cantabria (obra de Simón de Bueras). En la zona se encuentra el Ecoparque de Trasmiera.

BÁRCENA MAYOR: tiene solamente 70 habitantes es una maravilla de la arquitectura tradicional con solanas y el pueblo más

importante de estos valles. Es conjunto histórico-artístico desde 1979. La iglesia data del siglo XVII y guarda el retablo de la Inmaculada.

CABEZÓN DE LA SAL: enclavada en un valle y rodeado de montañas, Cabezón de la Sal, pueblo con encanto y solanas, fue famoso por sus minas de sal. Aquí se celebra el Día de Cantabria en el que no faltan las partidas de bolos o el arrastre de ganado vacuno. La localidad cuenta con varios palacios dieciochescos pero destaca por el **Museo Regional de la Naturaleza de Cantabria**. A 45 km, en Tudanca se encuentra la **Casa-Museo José María Cossío**, con una valiosísima biblioteca.

CARMONA: por su arquitectura tradicional cántabra en estado puro (eses uno de los pueblos más bonitos de Cantabria, su parroquial es del siglo XVI y el palacio Mier tiene aire herreriano. Son famosas las albarcas carmoniegas.

CASTRO URDIALES: todavía con actividad pesquera y de arreglada fachada marítima, en el que abunda el chiqueteo, con permanente bullicio peatonal por la rúa La Mar, amén de numerosas galerías y edificios historicistas en la calle Constitución. Por su cercanía a Bilbao en los últimos años la urbe ha crecido estrepitosamente. Castro es seguramente, y tras Santander, el

núcleo con más y mejor chiqueteo de Cantabria. Hay dos áreas bien delimitadas. La parte vieja, junto al mar, entre La Plazuela y la iglesia de Santa María; más la calle La Mar y la calle La Rúa. En lo monumental: el Ayuntamiento (s. XVIII), la Casa de los Chelines, la ermita de Santa Ana, de planta rectangular, el palacio neogótico de Ocharan y, sobre todo, la iglesia de **Santa María de la Asunción**, el mejor gótico de toda Cantabria.

CUEVA DEL CHUFÍN (embalse de Palombera): se abre a escasos metros del borde del agua en el cauce derecho de lo que, sin el pantano, sería el río Lamasón. Sus grabados son muy interesantes. El primero es un inusual grupo de grabados en la zona del vestíbulo que recibe luz exterior. En el panel central aparecen una docena de figuras de capridos.

CUEVA DE EL SOPLAO (Celis): a unos 80 km de Santander. Se encuentran entre Celis y Rabago. En un entorno de gran belleza, gracias a los bosques y a la sierra de Arnero. En la zona se encuentran restos de arqueología minera, zonas kársticas, caminos ganaderos y forestales... vistas del

Cantábrico, Comillas, Oyambre, Picos de Europa, Peña Sagra, la sierra del Cordel, etc. La cueva está a 540 m de altura, en una zona que fue una antigua explotación minera. Fue descubierta en 1908. El Soplao es uno de los grandes tesoros de la geología mundial: falsos techos, aragonitos, gours, estalactitas, *estalagmitas excéntricas* (no tienen eje por lo que tienen unas formas imprevisibles), todo magníficamente iluminado.

LIMPIAS: no faltan por aquí casonas (como la de los *Pico*), palacios (como el de los *condes de Limpias*) ni rincones pintorescos. *El santuario del Cristo de la Agonía* es barroco y guarda un Cristo de la escuela andaluza (s. XVII).

COMILLAS: la población –que turísticamente vive del espectro y de las lindezas modernistas de Antonio López López– es un gran y genial pastiche: muebles y planos de Gaudí, edificios de Martorell, *ángel* de Llimona, imaginativas ornamentaciones de Domènech i Muntaner, pinturas de Llorens... y qué decir de los Güell (uno de ellos, nacido en Comillas, fue alcalde de Barcelona), etc. Amplia playa de fina arena y puertecito con las barcas varadas y la enigmática *piedra de*

la ballena. La costumbre es aquí sentarse un ratito en una de las terrazas del Corro de Campíos. En el muelle, varias tabernas marineras, y en el pueblo las tapas y el bullicio del bar Filipinas, al lado del Ayuntamiento. A la hora de la visita destaca la **Universidad Pontificia** (modernista, la primera piedra se puso en 1883), la Casa Pardo Ocejo (frente al bar Filipinas, fue la primera casa importante que tuvo Antonio López), el **Palacio Sobrellano** (se comenzó en 1881, tres cuerpos neogóticos proyectados por Martorell), el **cementerio** en el que sobresale el famoso Ángel esculpido por Llimona y el Capricho de Gaudí que más bien fue un capricho de Máximo Díaz Quijano, emparentado con los marqueses de Comillas.

ESCALANTE: destaca la románica ermita de San Román (siglo XII; fijaos, por ejemplo, en los animales representados en los canecillos del ábside).

ISLA: con playas magníficas como la de El Sable, en el bario de Quejo; una barra rocosa la aisla de los embates marinos; sue-

len acudir las familias al completo. Playa de los Barcos: junto al malecón; muy tranquila. La Arena: con bandera azul de la CEE. Playas de Quejo: varias calas y playas considerablemente ampliadas por la bajamar (cada doce horas); formaciones dunares. Arnadal: unos acantilados la escudan de los vientos. No faltan tampoco zonas ecológicas de primer orden, como la ría del Castellano o la **marisma de Joyel** (con una interesante avifauna). La localidad y sus alrededores tienen varias torres medievales y varias ermitas, así como la iglesia de San Julián (s. XVII) y la torre-palacio de los Condes de Isla.

LAREDO: su casco antiguo es desde 1970 conjunto histórico-artístico. Laredo tiene, además, una magnífica y larga playa urbana (La Salvé) y es la capital de la Costa Esmeralda. El Ayuntamiento, en la plaza Cachupín, luce un reloj de sol en su fachada renacentista; al lado, la Casa Zarauz (s. XVIII) y la Casa de la Familia Mar con bonitos balcones de forja. El convento de San Francisco es del

siglo XIV y tienen un claustro herreriano. Escondida en la parte alta está la iglesia de **Santa María de la Asunción**, tiene cuatro naves y bóvedas de crucería; es del siglo XIII y atesora el valioso retablo policromado de Belén.

LIÉRGANES: pueblo acompasado, junto al río, con muchas casas y casonas pétreas. No muestra monumentos espectaculares pero el conjunto es armonioso. Todo muy apañado, incluso tiene hasta leyenda propia, la del *hombre pez.* La iglesia de San Pedro es barroca del siglo XVIII, está compuesta por tres naves, tres tramos, con ábside poligonal y magnífico retablo mayor. La iglesia de San Sebastián, todavía conserva regusto románico. La capilla del Carmen se encuentra en el barrio del Mercadillo. El puente Mayor es de una gran belleza, data del siglo XVI y vuela sobre el Miera. Además, muchas casonas, el balneario, la iglesia de San Pantaleón en lo alto y el Fluviarium, centro dedicado a mostrar y a que veáis la vida de los ecosistemas fluviales cántabros.

PÁMANES: donde se levanta el Palacio Elsedo, joya de la arquitectura civil montañesa. Construcción barroca de 1710 que perteneció al conde de Torre Hermosa. Importante muestra de pintores

de la región o relacionados con ella (Cossío, Blanchard, Riancho, Vázquez Díaz).

PARQUE DE CABÁRCENO: ocupa 759 hect. Espacio de topografía kárstica modelada por el hombre, los romanos ya obtenían hidróxido de hierro, en el que viven desde tigres o leones a osos pardos. Destaca por su colección de gorilas.

NOJA: turística, en verano su población flotante alcanza las 40.000 almas. Desde aquí, y hasta Santoña, se suceden playas, marismas, casonas y el verde habitual de Cantabria. En esta zona y en total, unos ocho kilómetros de playas, las más importantes son las de Ris: frente a Isla y abriendo el casco urbano de Noja; tal vez es lo más destacable de la población. Trengandín: larguísima. Berria, ya en Santoña; amplio arenal, limpia y con bandera azul. En cuanto a la visita, varios palacetes (Velasco Castañeda-Quintana) y otras tantas casonas componen un conjunto de arquitectura civil más que apreciable. La iglesia de San Sebastián exhibe una torre herreriana de gran altura.

POTES: en la falda de los Picos de Europa: Potes es posada de montañeros y enclave privilegiado para conocer y hacer excursiones La Liébana y sus muchos pueblecitos. Bueno será tambén recordar que por su microclima en Liébana se produce uno de los mejores orujos de España. El centro de la población alberga la Torre del Infantado junto a un pintoresco puente donde confluyen los ríos Deva y Quiviesa. La torre se construyó en el siglo XIV y es testigo impasible de las luchas nobiliarias entre los Manrique y los Mendoza. La iglesia vieja de San Vicente data del siglo XIV y de estilo gótico rural tardío; remodelada entre los siglos XV y XVII. En la zona: **Lebeña,** a los pies del Pico Ventosa. Su monumento más re-

presentativo es la iglesia de Santa María y el tejo adjunto. Lebeña arriba se encuentra el impresionante desfiladero de La Hermida. **Santo Toribio de Liébana** tiene un claustro del siglo XVII y un interior gótico del siglo XIII. En una capillita barroca del monasterio (añadida en el siglo XVIII y construida por fray Pedro Martínez de Car-

deña) puede contemplarse un relicario (cruz de plata en estilo renacentista) que contiene, según la tradición, dos trozos (los mayores conocidos, de 63 y 39 cm) de la *Vera Cruz* (en la que Cristo fue crucificado). En **Turieno** según la leyenda aquí nació Santo Toribio; aquí veréis alguna casa blasonada. **Mogrovejo,** tiene como telón de fondo, o escenario, el macizo occidental de los Picos de Europa más una docena de tejadillos de entre los que sobresale una torre medieval (testigo de las luchas antinobiliarias). **Espinama:** villorrio, con iglesia del siglo XVII, por donde pasa el Nevandi que vierte sus aguas en el recién nacido Deva. **Fuente Dé** (a 24 km de Potes y a 140 km de Santander) es uno de los escenarios naturales más impresionantes de Cantabria: enormes paredes calizas (formadas por un glaciar) y en el centro de la misma, en forma de portentoso chorro, nace el Deva que recoge aguas infiltradas unos mil metros más arriba. A la izquierda de la cascada aparece Peña Remoña (2.247 m). En realidad, Fuente Dé es un subvalle abierto por un circo formado por Peña Vieja, Peña Remoña, Pico de Padiorna, Celada y Valdecoro. Se sube a la base calcárea de los Picos de Europa en teleférico, ya arriba, se pueden dar largos paseos por caminitos que se pierden en los Picos de Europa.

PUENTE VIESGO: localidad pasiega donde se encuentran la famosas cuevas, segundas de Cantabria atendiendo al valor artístico de sus pinturas rupestres. Además, balneario de reconocido prestigio. Su iglesia es neorrománica. Las mencionadas **cuevas** atesoran pinturas rupestres fechadas en el período que separa el Solutrense superior y del Magdaleniense. Fueron descubiertas por Alcalde del Río en 1903. **Cueva del Castillo**: es la más importante; contiene manos en negativo y representaciones de animales. **Cueva Pasiega**: forma un trazado laberíntico y consta de varias galerías. **Cueva de las**

Monedas: debe su nombre a que en ella fueron encontradas varias monedas. **Cueva de las Chimeneas**: la última en ser localizada; guarda valiosas pinturas rupestres y un hermoso conjunto de estalactitas y estalagmitas. Cerca, en Pomaluego, se encuentra otra joya de Cantabria: **Castañeda** y su colegiata de Santa Cruz, monumento nacional desde 1930 y en importancia la segunda arquitectura románica de Cantabria nada menos que tras la colegiata de Santillana del Mar.

RAMALES DE LA VICTORIA: cada año la localidad es escenario del Descenso del río Asón, competición de carácter internacional. La zona, por su apabullante naturaleza, es muy visitada por montañeros y espeleólogos. La parroquial tiene un interesante retablo barroco. El palacio de Revillagigedo data de los siglos XVI-XVIII. En la zona, **cueva de Cullalvera** que guarda pinturas rupestres, está formada por dos galerías en las que se aprecian varias representaciones de ciervas, un caballo, bóvido y posiblemente un ciervo.

REINOSA: capital de los tres valles de Campoo, Reinosa fue importante en la Edad Media, incluso produjo algún meritorio juglar, pero el despegue reinosano ocurrió en el XVIII coincidiendo con la relevancia que va adquiriendo el puerto de Santander y el *camino harinero*

que iba hacia el mismo. La zona de chiqueteo se encuentra en la plaza de la Constitución y calles adyacentes. De aquí son típicas las pantorrillas. A la hora de la visita, la iglesia de San Sebastián, monumento histórico-artístico barroco y del siglo XVIII; el convento de San Francisco, erigido en el XVI y de traza renacentista-herreriana; y el Museo al Aire Libre de las Tradiciones Locales. Cerca, **Braña Vieja** (Alto Campoo): pistas para esquiar que suman una longitud total de 17 km. Y en dirección contraria, **Cervatos:** de obligada visita y monumento nacional: fijaos en los canecillos y en los detalles decorativos de la portada sur. Las raíces del monasterio se remontan hasta el 999. En la zona, otra visita interesante es el Arqueositito Cántabro-romano de Camesa (en Mataporquera, a 18 km de Reinosa), se trata de unos restos romanos en torno a una villa y sus termas. Entre Reinosa (el pantano del Ebro) y la Meseta se encuentran dispersos numerosos pueblecitos con **iglesias rupestres** o románicas: Montesclaros, La Loma, Cervatos, Hormiguera, Aldea del Ebro, Santa María de Hito, Arroyuelos, San Martín de Elines, etc. En Santa María de Valverde se encuentra el Centro de Interpretación de la Arquitectura Rupestre.

JULIÓBRIGA: a 4 km de Reinosa, en Retortillo. La IV Legión romana fundó la ciudad de *Iuliobriga* o Julióbriga (*briga* es sufijo céltico), la más importante de Cantabria (siglo I a. de C.), lógicamente se levantó sobre núcleo prerromano. Las excavaciones han puesto a descubierto lo que fue una calle porticada y los cimientos de varias viviendas unas con patio central y planta helenístico pompeyana, y otras de tradición indígena con corral exterior.

SAN VICENTE DE LA BARQUERA: con el correr de los siglos XII y XIII, San Vicente crece gracias a la pesca y se convierte en uno de los puertos importantes del litoral cántabro. Gracias a su acrópolis –y al telón de los Picos de Europa– es uno de los pueblos más encantadores de Cantabria. Al lado de la población, el puente de la Maza, en el siglo XV se hizo está larguísima obra de ingeniería en piedra, y el convento de San Luis (de mediados del XV). El castillo que domina el caserío, data, por lo menos, del si-

glo XIII. Al lado, **Nuestra Señora de los Ángeles**: gótica con añadidos, tres naves y bóvedas ojivales; en su interior, retablo barroco y la imagen de Antonio Corro (obra maestra de la escultura del siglo XVI). Playas: Sable Merón (6 km de arenales), Tostadero (playa recogida). Otras: Rosal, Bederma, etc. Entre San Vicente y Comillas, el **Parque Natural de Oyambre**: debe el nombre al cabo de Oyambre situado al final de la playa de La Jerra. Dunas, playas, acantilados y las marismas de las rías de La Rabia y Zapedo. Viene a ser un trozo del litoral cantábrico que se conserva en estado virgen.

SAN VICENTE DE TORANZO: que guarda excelentes muestras de la arquitectura montañesa tanto de la señorial como de la popular. Se visita el **Museo Etnográfico** (barrio de Riancho): veréis los instrumentos utilizados antaño para hacer queso y mantequilla, colección de carros y yugos, etc.

SANTILLANA DEL MAR: ni es santa, ni llana, ni tiene mar. Además, encrucijada monástica con casas solariegas, blasones por doquier,"bosque de yelmos emplumados" y villa empedrada que jamás estuvo amurallada, si tuvo para defenderse al menos tres torrucas en la plaza del Mercado. Tienen fama en Santillana los canteros y quienes se dedican a forjar el hierro; así

como los muebles. Conviene probar los bizcochos, tabletas, quesadas, corbatas y sobaos pasiego. Además, numerosas tiendas de recuerdos en las que venden desde antigüedades, orujo, anchoas de Santoña o miel hasta piezas de cerámica en sus infinitas variantes. En la calle del Río tienen una casa especializada en queso cántabro y productos gastronómicos regionales. Es casi una tradición tomarse un vaso de leche en la Casa Quevedo (frente a la Colegiata) y pronto será una tradición tomarse unos barquillos (al lado de la Colegiata). Santillana es uno de los pueblos más bonitos de España y cuenta con una docena de monumentos importantes (las Clarisas, el Museo Diocesano, torre del Merino, palacio de los Velarde... y sobre todo la famosa colegiata de Santa Juliana, joya del románico). A 2 km de Santillana, las **cuevas de Altamira** y su réplica o neocueva cada año visitada por miles de turistas. La cuevas se consideran la *Capilla Sixtina* del arte cuaternario con pinturas rupestres que representan bisontes (37), ciervos (35), caballos (32), caprinos (24), uros (7), mamuts (2), ciervo de asta palmeada (1).

SANTOÑA: puerto pesquero al pie del monte Buciero y con doce mil almas. Tiene esta villa cuatro barrios y se encuentra frente al puntal de Laredo. Históricamente fue ballenera, y actualmente sigue perdiendo fuelle su flota pesquera y manteniéndose la industria conservera. El origen de las conservas hay que buscarlo durante las guerras carlistas, unos pescadores vascos que huían del conflicto se instalaron en el puerto santoñés y enseñaron a sus nuevos compañeros el arte de la conserva y salazón del pescado.

Pero es a finales del XIX cuando llegan a Santoña, Carlos Albo Kay y tras él los salazoneros italianos, formándose la industria conservera santoñesa. Santoña es un excelente sitio para tapear, el núcleo del chiqueteo se encuentra en la plaza Andújar (la de la fuente) y rúas adyacentes. Varios bares de copas se agrupan en torno a la calle Marqués de Robrero, plaza de San Antonio (terrazas), calle Cervantes, Casimiro Iborra, calle General Salinas y calle Santander, donde precisamente se encuentra uno de los establecimientos más pintorescos, la Taberna Alberto (vino, queso y anchoas). En cuanto a los monumentos, Santa María del Puerto (ss. IX-XII) y los baluartes y fuertes que protegían la población. Al lado de Santoña, sus **marismas**, área plana intermareal situada en la desembocadura del río Asón, y probablemente la zona húmeda más importante de la cornisa cantábrica.

SUANCES: pequeño y acogedor núcleo turístico en la ría de San Martín, con buenas sardinas, 6.000 vecinos, y envidiable microclima

(aquí hace sol mientras a pocos kilómetros está lloviendo). Los fines de semana son muchos los que acuden a tapear en los bares de la Marina y la Plaza. Magníficas **playas:** La Riberuca: se extiende en el fondeadero de Suances (arenal de 120 m de longitud). La Ribera: muy amplia y bañada por la ría de San Martín (tiene unos 350 m). La Concha: de arena fina y cuajada de locales de diversión; mil metros de arena. Playa de los Locos: quinientos metros en forma de concha y aguas bravías cerradas por un acantilado de 25 m (está cerca del faro y es muy visitada por los surfistas). Playa de Tabía: salvaje; junto a la playa de los Locos; hay que bajar andando por una rampa; pequeña, unos 50 m. Playa de Tagle o del Sable: cerca ya de Tagle; mide unos 200 m de largo (arena de color tostado). Agradable resulta dar un paseo hasta el faro (al lado se halla el mirador del *Torco*) y por los caminos que bordean *Punta del Dichoso* (acantilados, el poderoso batir del oleaje y panorámica de la ría de San Martín de la Arena).

VILLACARRIEDO: circulando por el Pisueña y ya en la tierra de los carredanos, se acerca uno a Villacarriedo donde destaca el **Palacio de Soñanes,** proyectado por el arquitecto Fontanelli (1718). Desde Villacarriedo y Selaya se pueden hacer excursiones a los **pueblos pasiegos**, una serie de caseríos típicos con encanto repartidos entre los valles (Vega del Pas, San Pedro del Romeral, San Roque de Riomiera). Los sobaos son originales Vega del Pas y los primeros se hicieron hace unos cien años.

EXCURSIONES GASTRONÓMICAS

ALREDEDORES DE SANTANDER (PUENTE ARCE)

Ⓜ **CASA SETIÉN:** Barrio El Puente, 5-6 (Puente Arce, a 12 km de Santander); ☎ 942 57 52 51. Todo un clásico de la restauración cántabra fundado en la década de los cuarenta. Comedor con sus característicos arcos. Actualmente la cocina está en manos de Jorge Bedialauneta Prendes. De piedra con terraza ajardinada. Cocina con innovaciones que no empañan una cocina casera excepcional: *pescado de roca al horno con patata panadera, venado macerado al vino viejo, brazo de gitano.*

Ⓜ **PARAÍSO DEL PAS:** Barrio El Puente, 5-6 (Ctra. Oruña-Vioño, km 2, Puente Arce); ☎ 942 57 50 01. Aprovecha un antiguo molino maquilero (s. XVIII). Carnes a la brasa, los asados y los platos de temporada. Es famoso por sus truchas.

Ⓜ **EL REDOBLE:** Barrio del Perujo, 8; ☎ 942 57 58 52. Destaca por sus carnes de calidad y por sus excelentes arroces.

Ⓒ **EL NUEVO MOLINO:** Ctra. General, km 13; Barrio de Monseñor, 18 (Puente Arce, a 12 km); ☎ 942 57 50 55. El Molino fue fundado en 1968 nada menos que por Víctor Merino, su testigo lo han recogido dos chefs: Francisco Vía Acebal y José Antonio González. Su cuidado comedor, con mesas bastante espaciadas, lleno de curiosidades y obras de arte, se encuentra instalado en un acondicionado molino de agua situado junto al angulero río Pas. Cocina de mercado imaginativa. *Ensalada de bacalao, setas y pimientos, raviolis de rape rellenos de langostinos, manitas de cerdo estofadas con foie y setas salteadas.* Excelente bodega. Tiene una estrella Michelin.

RESTO DE CANTABRIA

Ⓜ **ALFREDO:** Castro Urdiales. Santa María, 2; ☎ 942 86 36 43. Comedor sencillo con mesas frente a su "barra ilustrada", espectacular por la cantidad y variedad de tapas: desde marisco a tortillas o mejillones o almejas a la marinera. Cuenta con terraza.

Ⓒ **ASADOR DEL TÚNEL:** Castro Urdiales. Barrio de la Esta-

ción, Miño, a 5 km de Castro, ☎ 942 87 92 01. Comedor rústico de diseño, muy cuidado y con toques tradicionales vascos, no en vano es un asador con ingredientes frescos y vivero de marisco.

EL MANCO: Castro Urdiales. Lorenzo Maza, 9; ☎ 942 86 00 16. Dos ambientes, uno interior y el otro, una terraza ajardinada con vistas a la playa de Ostende. Cocina tradicional con toques creativos. Tanto mariscos como carnes seleccionadas. Bodega con más de cien referencias.

BOGA BOGA: San Vicente de la Barquera. Plaza de José Antonio, 9; ☎ 942 71 01 35. Un clásico. Cocina marinera y casera de calidad. Cuidan la materia prima; o sea, el pescado y el marisco. *Pisto barquereño, lo-*

mos de merluza en salsa verde con almejas, entrecot al queso de Tresviso. Es también hotel de dos estrellas y 18 habitaciones.

CASA ENRIQUE: Solares. Paseo de la Estación, 20; ☎ 942 52 00 73. Todo un clásico de la mano de Enrique García, hasta el punto de que se ha convertido en un monumento más de Solares. Comedor sencillo y cuidado. Gastronomía tradicional, sólo con actualizaciones indispensables. *Alubias estofadas, bacalao a la vizcaína, costillar de ternera al horno, tarta de manzana reineta.* Completa bodega. Mucha gente a la hora del aperitivo llena su gran barra. Exposiciones de artistas cántabros.

CASA SARABIA: Ampuero. Melchor Torío, 3; ☎ 942 62 23 65. Cocina cuidada y buen ser-

vicio. Lo más típico son los *muslos de jabalí*, las truchas y la *ventresca de bonito en escabeche*.

CENADOR DE AMÓS: Villaverde de Pontones. Plaza del Sol, s/n; ☎ 942 50 82 43. Reconocida calidad basada en la originalidad e imaginación de los platos que elabora Jesús Sánchez: *pichón asado a la miel, timbal de morro de ternera con escabeche agridulce, solomillo de bacalao asado con harina de setas*. Bodega muy cuidada. El escenario es una casona del siglo XVIII con terraza-patio.

EL HIDALGO DE QUIJAS: en Quijas (cerca de Torrelavega). ☎ 942 83 83 60 ó 942 83 83 61. Solo abren en verano. En este lugar se preparan ricas *raciones de callos, morros* y *morcilla de Burgos*. Es el *lechazo al horno de leña*.

EL MARINERO: Castro Urdiales. La Correría, 23; ☎ 942 86 00 05. Marisquería en los pintorescos soportales de la casa de los Chelines. *Lomos de merluza con almejas, pimientos rellenos de centollo*, mariscos del Cantábrico. Cetaria. Amplia barra llega de picoteo de calidad.

EL PALACIO: en Tanos, cerca de Torrelavega. Fernández Vallejo, 192; ☎ 942 80 11 61. Comedor con una decoración actual, nada distante, acogedor, en un chalé renovado. Cocina que recoge lo mejor de la tradición pero reinterpretada y con toques y presentaciones contemporáneas. Bodega con unas 230 referencias.

EL SEGOVIANO: Castro Urdiales. La Correría, 19; ☎ 942 86 18 59. Fachada de piedra en el barrio marinero. Seleccionados pescados y mariscos (*merluza rellena de marisco, ensalada de ventresca); caza.*

LA CASONA DEL VALLE: Villapresente, Reocín, cerca de Torrelavega. Ctra. de Puente de San Miguel a Novales; ☎ 942 83 83 52. Cocina cántabra de calidad con toques imaginativos. El comedor, una maravilla del diseño contemporáneo.

LA VENTA DE CASTAÑEDA: Pomaluengo. Ctra. Nacional 634; ☎ 942 59 21 40. Comedor amplio, con grandes cristaleras y mucha luz natural. Mobiliario moderno. Cocina de mercado con toques tanto tradicionales como imaginativos. La carta cambia según los productos de temporada. Amplia bodega.

LOS AVELLANOS: en Tanos, cerca de Torrelavega. Fernández Vallejo, 122; ☎ 942 88 12 25. En una casona del siglo XVIII, comedor de diseño, espacioso, pulcro de líneas, con toques claros y mobiliario ligero, predomina la madera. Cocina equilibrada elaborada por Pablo Soto, a veces con toques creativos y otras con raíces, más tradicionales. *Ragú de setas silvestres, potaje de garbanzos, arroz meloso, carpaccio de carne roja con foei gras*. Su bodega es una de las más selectas de Cantabria. Distintos menús. Una estrella Michelin.

MARUJA: San Vicente de la Barquera. Avda. del Generalísimo; ☎ 942 71 00 77. Sabor del mar en la mesa. De empedrada fachada, fundado en 1941 y decorado en estilo inglés Pescados seleccionados. *Lenguado a la buena mujer, crepes de marisco, solomillo al roquefort, etc.*

PACO WENCES: Potes. Roscabao 5 (hotel Valdecoro); ☎ 942 73 00 26. Posiblemente el restaurante más afamados de Potes. En sus fogones se guisan los platos más representativos de la zona: *cocido lebaniego* (la especialidad de la casa), potajes, picadillo de Potes con huevos y patatas, chuletas de lechazo, *cordero al horno, alubias con chorizo,* truchas, solomillos.

SAN ROMÁN DE ESCALANTE: Escalante. Ctra. Escalante-Castillo, km 2; ☎ 942 67 77 28. Encantador y refinado alojamiento que cuenta con uno de los mejores restaurantes de la zona (señorial, repleto de obras de arte modernas, muchas de pintores mallorquines), cocina creativa de calidad.

SAMBAL: Noja. Campo de golf Bercerda, calle Arenal; ☎ 942 63 15 31. Comedor minimalista con una agradable terraza junto al campo de golf. Cocina de mercado con toques creativos.

SOLANA: Ampuero. En Marrón, La Bien Aparecida; ☎ 942 67 67 18. Cocina vasco-navarra de recetario tradicional con algún toque creativo. Platos están bien elaborados y las raciones son rotundas.

VEJO: Reinosa. Avda. de Cantabria, 83; ☎ 942 75 17 00. Una de las mejores casas de comidas de la comarca. Comedor amplio, con mucha luz y colores cálidos, reformado en 2003. *Ensalada de mariscos a la muselina de caviar, lomos de merluza del cheff, zarzuela de pescados y mariscos, lechazo asado.*

CURIOSIDADES

ALGUNAS DE LAS MEJORES PLAYAS DE CANTABRIA

Cantabria cuenta con una docena de extraordinarias playas que figuran entre las mejores de España: de occidente a oriente, la playa El Rosal y Gerra (San Vicente de la Barquera), la playa de los Locos (Suances), la playa Valdearenas (Liencres), playa de El Sardinero (Santander), playa de Somo (en Somo, cerca de Ribamontán al Mar), playa **Galizano** (entre Somo y Noja), **El Brusco** (Noja, con unas marismas cercanas, parque natural), playa Berria-La Fortaleza (Santoña), playa de Salvé (Laredo).

El baño y disfrute en tales playas se puede combinar con importantes visitas culturales y también con excursiones por parajes naturales. Veamos:

PLAYA EL ROSAL: cerca están el Parque Nacional de Oyambre, la cueva del Soplao y Comillas.

PLAYA LOS LOCOS: muy cerca de Santillana del Mar, considerado uno de los pueblos más bonitos de España, y de la réplica de las cuevas de Altamira. Cartes y Riocorvo son dos pueblos pintorescos que están en las proximidades de esta playa.

PLAYA VALDEARENAS: en Liencres, o sea en pleno Parque Natural.

PLAYA DE EL SARDINERO: una de las playas urbanas más famosas del mundo. No hace falta añadir lo que da de sí una ciudad tan importante como Santander, cerca de la misma se encuentra el Museo Etnográfico de Muriedas, el Parque de la Naturaleza de Cabárceno, del Museo del Palacio Elsedo (Pámanes). Lérganes es un pueblo con encanto que está a un tiro de piedra con el tren de vía estrecha.

PLAYA DE SOMO: muy cerca de Santander, se puede llegar desde la capital en barca, en las famosas reginas.

PLAYA DE BERRIA: en Santoña, cerca de las marismas de Santoña, Victoria y Joyel camino de las también excelentes playa de Noja e Isla.

PLAYA DE SALVÉ: en Laredo, no lejos se encuentran dos enclaves de interés, el Cristo de la Agonía (Limpias), el Santuario de la Bien Aparecida, Castro Urdiales, monumental y marinera, no queda lejos.

ARTESANÍA CÁNTABRA

Trabajos de cantería, de forja, jarras y cucharones, rabeles, muebles (Santillana), etcétera.

ALBARCAS (que no *abarcas*): calzado labrado en madera de castaño, nogal, abedul o de sauce, utilizado para protegerse de la humedad: hacha en mano se corta la madera y con la azuela se le da forma a la albarca, trabajándose con el barreno la parte interior. Luego se coge la legra y se va raspando la parte delantera (por donde se mete el pie). Por último, con un cuchillo se suaviza la superficie puliéndola y dejándola sin asperezas; para terminar se pinta la pieza barniz. Las albarcas más decoradas son las llamadas *piconas*.

Cuando el ganado salía para el puerto –escribe Antonio Batolomé Suárez–, el pastor cargaba con todos los los aperículos o garaujas necesarios para ese menester: la jarcha y el jacho, el serrote, la azuela, la rebolla o el taju –la madera esperaba en la cabaña ya seca para utilizarla– y todos los utensilios y herramientas...

ALFARERÍA: quedan algunos talleres, especialmente en Liébana, San Vicente o en las cercanías de Comillas. Una de las piezas más tradicionales es la *tarreña* (se utilizaba para beber leche).

CANTERÍA: históricamente es conocida la pericia de los canteros de Trasmiera que han dejado su huella en muchos monumentos españoles. Tal vez en tiempos de romanos ya contaba la región con buenos canteros...

CARBONEROS: actividad antaño habitual y que ya ha desaparecido.

CESTERÍA: cada día es más difícil ver a un campesiono con su cuevanuco o mochila hecha con varillas de avellano. Garrotas, cestas y veintreras son típica de Campoo. También encontraréis algún trabajo interesante en Vega de Pas.

HILADO: con fibras de lino o lana se tejen vistosas telas (por ejemplo en Valdeolea).

METAL: tal vez topéis con ferrones, herreros, rejeros, farolelos y seguro que en el siglo XXI ya no veréis ningún campanero.

TRABAJOS DE MADERA: junto con las mencionadas albarcas, Cantabria cuenta excelentes ebanistas. Son suficientemente famosos los muebles hechos en Santillana. También se fabrican *rabeles* (con madera, una de sus partes es de piel de cabrito). Los aperos de labranza llevan su madera: desde las escobas hasta las azadas. Jarras y cucharones son típicos de Bárcena Mayor.

ÍNDICE

INTRODUCCIÓN

Gastronomía 9
Un poco de historia 9
Diccionario gastronómico 11
Conservas 11
Patatas, setas, borona, respingos 12
Pescados de mar y río 13
Carnes 15
Otros platos típicos 16
Quesos y lácteos 18
Aguas, vinos y orujos 21

INFORMACIÓN PRÁCTICA

Datos prácticos 23

SANTANDER IMPRESCINDIBLE

Lo que no hay que perderse 24

LA VISITA

La visita a la ciudad 26
Senderismo urbano 72
Playas 72

MUSEOS

Principales museos de la ciudad 74

TRANSPORTES

Transportes de la ciudad 79

ALOJAMIENTOS

Hoteles de Santander 81

RESTAURANTES

Restaurantes de Santander.......... 87

TAPAS Y COPAS

Copas 100
Terrazas 103
Cafés con cierto encanto 103

COMPRAS

Las compras en Santander 105

QUÉ HACER

Puertos deportivos.......... 108
Fiestas y acontecimientos 109

EXCURSIONES POR CANTABRIA

Cantabria imprescindible 135

EXCURSIONES GASTRONÓMICAS

Alrededores de Santander (Puente Arce) 135
Resto de Cantabria.......... 135

CURIOSIDADES

Algunas de las mejores playas de Cantabria 141
Artesanía cántabra 142

CARTOGRAFÍA

Santander.......... 28
Santander (itinerario monumental).......... 42
Alrededores de Santander 110
Cantabria.......... 112

LUGARES DE INTERÉS

A

Ajo, 118
Ampuero, 118
Archivo Histórico Provincial de Cantabria, 34
Arnuero, 118
Asamblea Regional, 27
Avenida Calvo Sotelo, 43
Avenida de la Reina Victoria, 58
Avenida de los Hoteles, 69
Ayuntamiento, 35

B

Bahía de Santander, 111
Banco de España, 47
Banco Español de Crédito, 44
Bárcena Mayor, 118
Barcos de Vital Alsar, 60
Barrio Pesquero, 36
Biblioteca Menéndez Pelayo, 27
Biblioteca Municipal, 34

C

Cabezón de la Sal, 119
Cabo Mayor, 70
Calle Vargas-San Fernando-Alameda, 26
Campos de Sport de El Sardinero, 70
Carmona, 119
Casa Museo Gerardo Diego, 74
Casa Pardo, 59
Casa Pombo, 50
Castro Urdiales, 119
Catedral de Santa María de la Asunción, 38
Centro de Arte Botín, 51
Centro de Interpretación de los Antiguos Muelles-Ciams, 74
Club Marítimo, 54
Comillas, 121
Conservatorio de Música, 26
Correos y Telégrafos, 46
Cueto, 70
Cueva de El Soplao, 120
Cueva del Chufín, 120

D

Dique de Gamazo, 56

E

Edificio del Banco Santander, 50
El Magdaleno, 61
El Puntal, 72
Embarcadero, 51
Escalante, 122
Estación Marítima de Ferrys, 37

F

Faro, 70
Farola, 35

G

Gran Casino, 69
Grúa de Piedra-Faro Cabo Mayor, 72

H

Hotel Real, 59

I

Iglesia Baja-Cripta del Santo Cristo, 37
Iglesia de la Compañía, 43
Iglesia de la Consolación, 26
Iglesia de los Jesuitas, 45
Iglesia de San Francisco, 34
Iglesia de Santa Lucía, 46
Instituto General y Técnico, 34
Isla, 122

J

Jardines de Pereda, 47
Jardines de Piquio, 69
Julióbriga, 129

L

Laredo, 123
Liérganes, 124
Limpias, 121
Logía, 75

M

Maliaño, 35
Mas (Museo de Arte Moderno y Contemporáneo de Cantabria), 74
Mataleñas, 70
Mercado de la Esperanza, 35
Monumento a Augusto González Linares, 68
Monumento al Machichaco, 37
Museo de Pintura Moderna, 78
Museo de Prehistoria y Arqueológico, 75
Museo Marítimo del Cantábrico, 76

N

Noja, 125

P

Palacio de Festivales de Cantabria, 56
Palacio de la Magdalena, 61
Palacio de los Riva-Herrera, 72
Pámanes, 124
Parque de Cabárceno, 72, 125
Parque del Doctor González Mesones, 70
Paseo de Pérez Galdós, 59
Paseo Menéndez Pelayo, 58
Península de la Magdalena, 60
Playa de Berria, 141
Playa de El Camello, 66
Playa de El Sardinero, 141
Playa de la Magdalena, 65
Playa de los Bikinis, 66
Playa de los Peligros, 58
Playa de Salvé, 141
Playa de Somo, 141
Playa El Rosal, 141
Playa los Locos, 141
Playa Valdearenas, 141
Plaza de Alfonso XIII, 47
Plaza de Atarazanas, 43
Plaza de Cañadío, 46
Plaza de Italia, 69
Plaza de las Estaciones, 36
Plaza del Pombo, 46
Plaza de Méjico, 26
Plaza de Toros, 26
Plaza Porticada, 44
Potes, 125
Primera Playa de El Sardinero, 67
Puente del Diablo, 71
Puente Viesgo, 127
Puertochico, 55

R

Ramales de la Victoria, 128
Reinosa, 128
Río de la Pila, 45

S

Santillana del Mar, 131
Santoña, 132
San Vicente de la Barquera, 130
San Vicente de Toranzo, 131

Segunda Playa de El Sardinero, 69
Senda de la Maruca, 72
Somorrostro, 37
Suances, 133

T
Teles, 69

V
Villacarriedo, 134